D1693961

Gustavo Ferrari

kuwait
IMAGES

The Kuwait Bookshops Co. Ltd.

Design by Daniel Salzano
Text by John Sims
French, german and arabic
language versions by Ali Taher,
Joachim Rybol and Mohammed Helmi Masoud
Editor Selecciones Científicas
Consultant editor Edimundo

All rights reserved. No part of this book may
be reproduced in any form or by any means,
electronic or mechanical, including photocopying,
recording or by any information storage
and retrieval system, without permission
in writing from The Kuwait Bookshops Co. Ltd.
and from the photographer.
Copyright © first edition 1983 by The Kuwait
Bookshops Co. Ltd., Kuwait.
Photographs © 1983 by Gustavo Ferrari
ISBN 84-499-6112-2
Depósito legal: M. 6277-1983
Fotomecánica Promograf
Printed in Spain by Selecciones Gráficas
Carretera de Irún, km. 11,500. Madrid (1983)

To the superficially informed public Kuwait is a country of deserts sands and oil-black gold as it is called, which has catapulted the State into a mythical, legendary richness.

To some, Kuwait is just an empty arid desert region, crisscrossed by networks of oil pipelines. There are many fantasies and clichés which have been applied to this nation, but none reflects its achievements. The quiet triumphs of measured and steady development.

Kuwait is in fact a surprising country located in a strategic corner of the Arabian Gulf. The bay of its capital contains eight centuries of history. It is, and always will be, largely a trading town for even before the advent of oil it had commercial links stretching from the Indian Ocean to the Red Sea and East Africa. In times gone by, these ties were conducted by graceful wooden boats known as *dhows,* and even today *dhows* continue to be built in Kuwait using the same old tools and technics.

This mixture of old and new is mirrored throughout the whole of the society. Kuwait is today a modern state, but one built firmly on the principles of Islam.

There are other noteworthy features — it is a small nation of only 1.4 million people, but its territory contains some of the largest oil reserves in the world. Not surprisingly, therefore, Kuwait is noted for one of the highest per capita income in the world. Moreover, these prosperity do not appear to be short lived. At present rates of production, Kuwait has enough petroleum to last over 150 years and, more significantly, it has discovered more oil during the last four years than it has produced over the last 12.

Kuwait entered the oil era on 26th February 1938 at one o'clock in the morning —«a rather inconvenient time of the day»—, the geologist on duty noted in his diary. Yet from that first spurt from the Burgan field, Kuwait has learnt to cope with the overwhelming transformation the oil abundance generated, for today, this nation of seagoing merchants and pearl divers has been transformed into a people known for their canny international investments. It has also gained respect in the world arena for its strong support of Arab rights.

It is undoubtedly a land of contrasts. Although the country has entered the industrial age with its huge petrochemical plants and oil developments, this has not meant that its people no longer have time for the old Arab tradition of sipping coffee and good conversation.

True, Kuwait is an immensely rich country, but it also has its graceful side, as this book will show.

Contrary to public misconceptions, the oil wealth has brought stability. The income from hydrocarbons has created a system of free medical care and education, of food subsidies and government assistance for consumers in paying for basic utilities such as electricity, fuel and water. It has handed over 48,000 houses for people of low and middle income levels, and there are, of course, no taxes whatsoever. And to ensure there is no abrupt cut off of these benefits, the government has created a reserve fund for future generations into which ten percent of each year's oil income is put aside.

Yet for all this sudden opulence and sophistication, Kuwait has not strayed from the path of its religion. The kuwaiti family remains essentially unchanged, as does the society itself. However, this commitment to Islam has not hindered the country's tradition of tolerance for hundreds of thousands of nationals from other countries and cultures have come to live in Kuwait to participate and help in its development.

Time and time again, it has been said that a picture is worth a thousand words. With these «Images» the reader will appreciate the changes and contrasts the wealth has brought Kuwait and its people. It is a worthy formula which harmonises modernity with stability, unmarked by the negative symptoms of wealth. Instead, Kuwait's fortune has made it receptive to the needs of others.

Over the next 112 pages, Gustavo Ferrari presents us with his impressions of the country. It is a record not only of the development of the state but the occasional singularities the fast pace of progress has thrown up. It is not a pictorial record of the city and its streets, but more a kaleidoscope of the images of change. Like Kuwait itself, this book is a blend of aromas — of oil alongside the spices of the Orient, of old souks and skycrapers.

kuwait
IMAGES

The Emir of Kuwait H. H. Shaikh Jaber Al Ahmed Al Jaber Al Sabah.

S.A.S. Shaikh Jaber Al Ahmed Al Jaber Al Sabah, Emir de Koweit.

Der Emir von Kuwait, Seine Hoheit Scheich Jaber Al Ahmed Al Jaber Al Sabah.

صاحب السمو الشيخ جابر الأحمد الصباح
أمير دولــة الكــويت

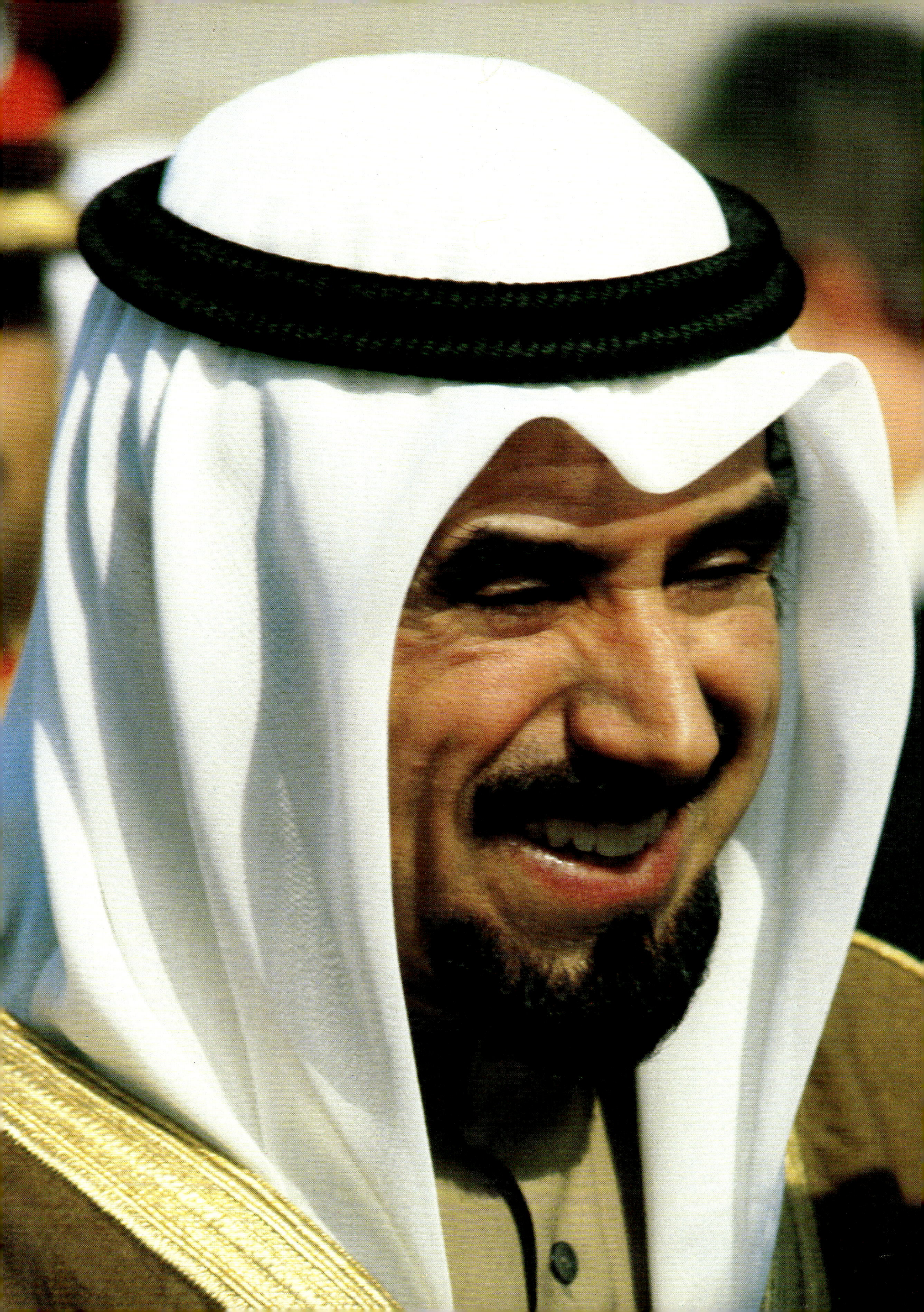

The flag of Kuwait, a symbol of the country's national identity.

Le drapeau de Koweit, un symbole de l'identité nationale du pays.

Die Flagge Kuwaits, Symbol der nationalen Identität dieses Staates.

علم الكويت ، رمز للوحدة الوطنية

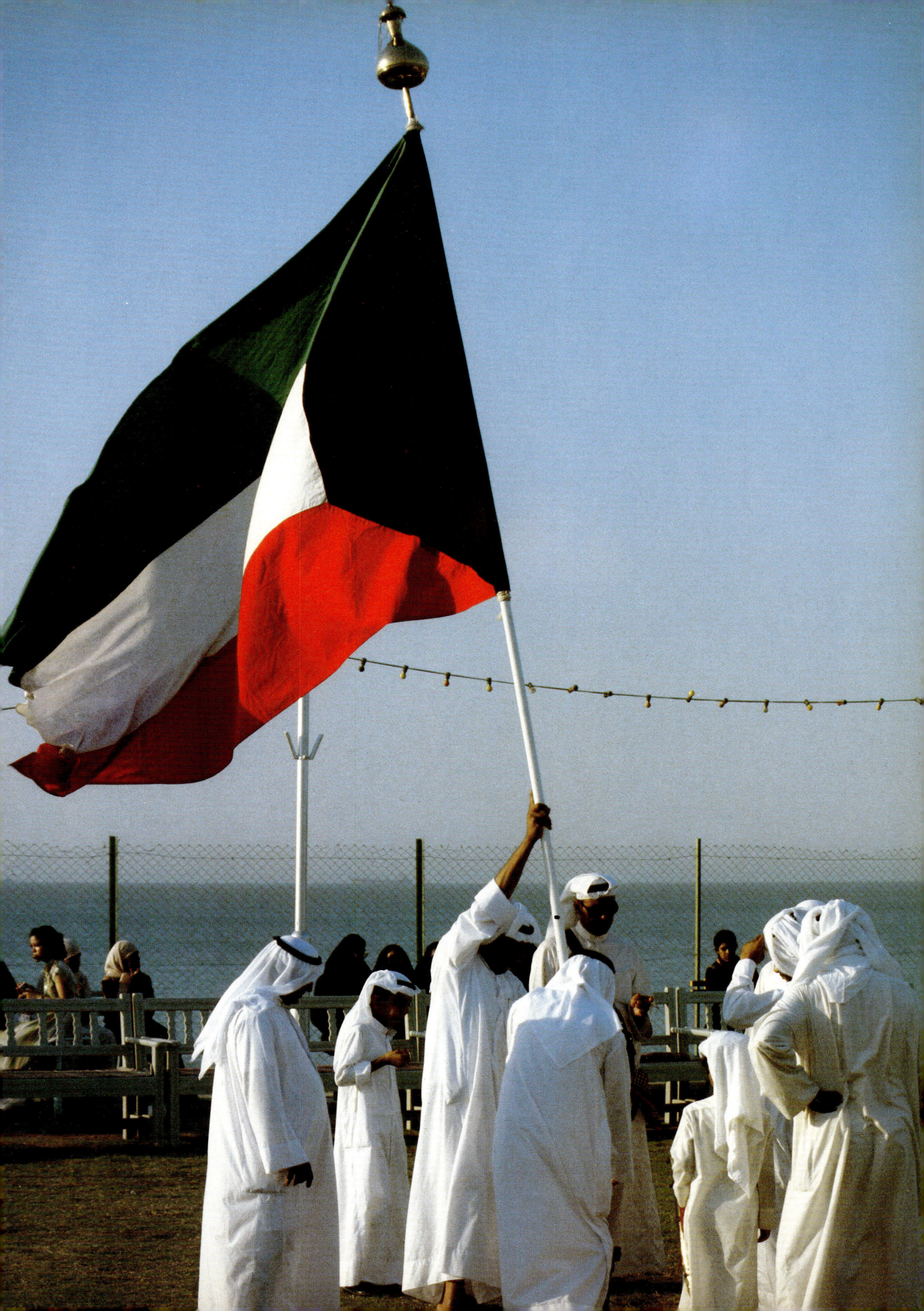

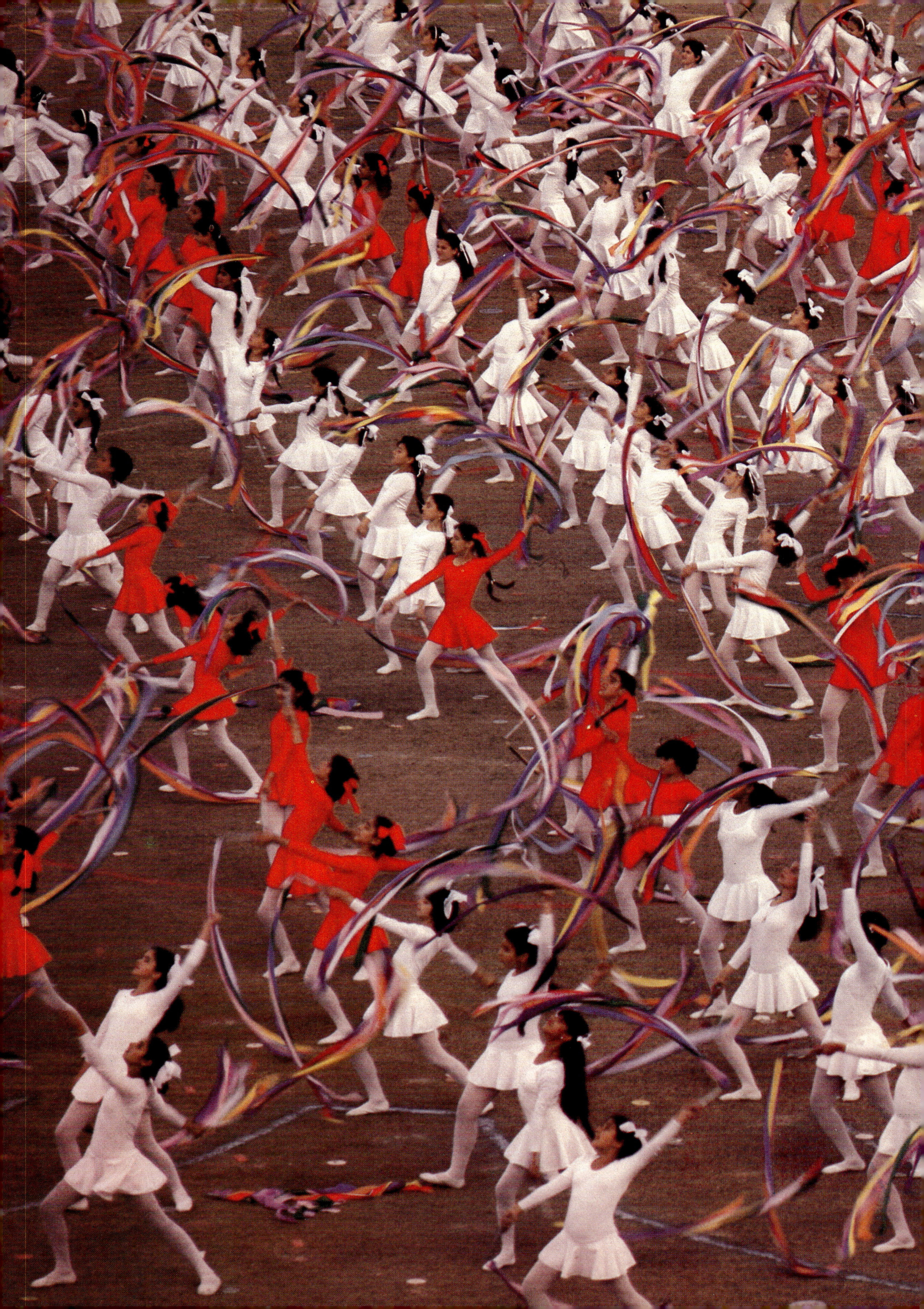

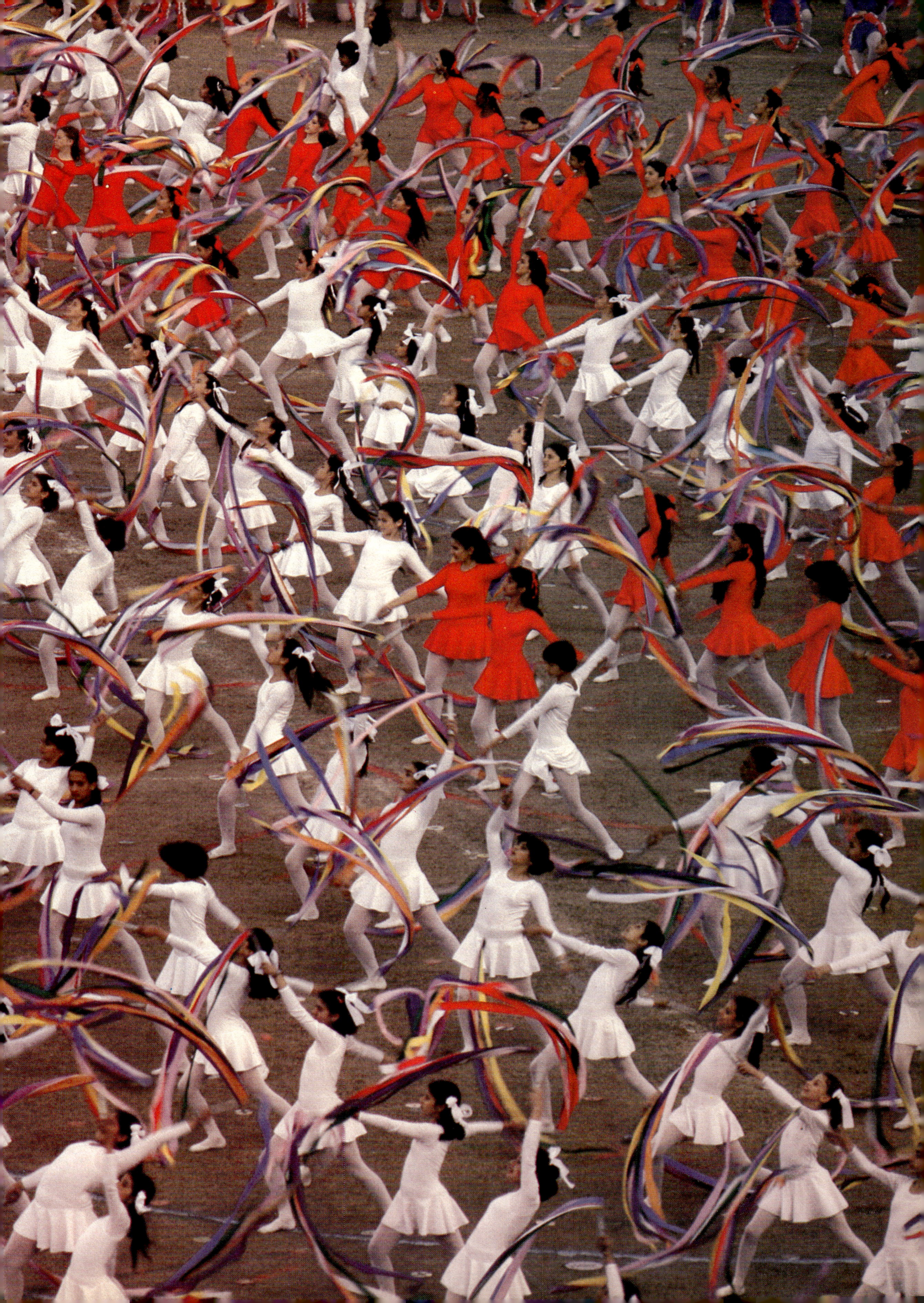

← A colourful display of schoolgirls during National Day.

Des étudiants pendant une scène pittoresque au cours des célébrations de la Fête Nationale.

Farbenprächtige Folkloredarbietung am Nationalfeiertag.

عرض لطالبات مدارس الكويت احتفالا بالعيد الوطني

The public attending a session of Parliament. The people participate in the conduct of State policy.

Le publique pendant une session du Parlement. Le peuple participe à la conduction de la politique de l'Etat.

Eine öffentliche Sitzung des Parlaments. Das Volk nimmt teil an der Politik des Staates.

المقاعد المخصصة للجمهور في قاعة مجلس الأمة .
يشارك الشعب في الكويت في ادارة دفة الأمور في الدولة

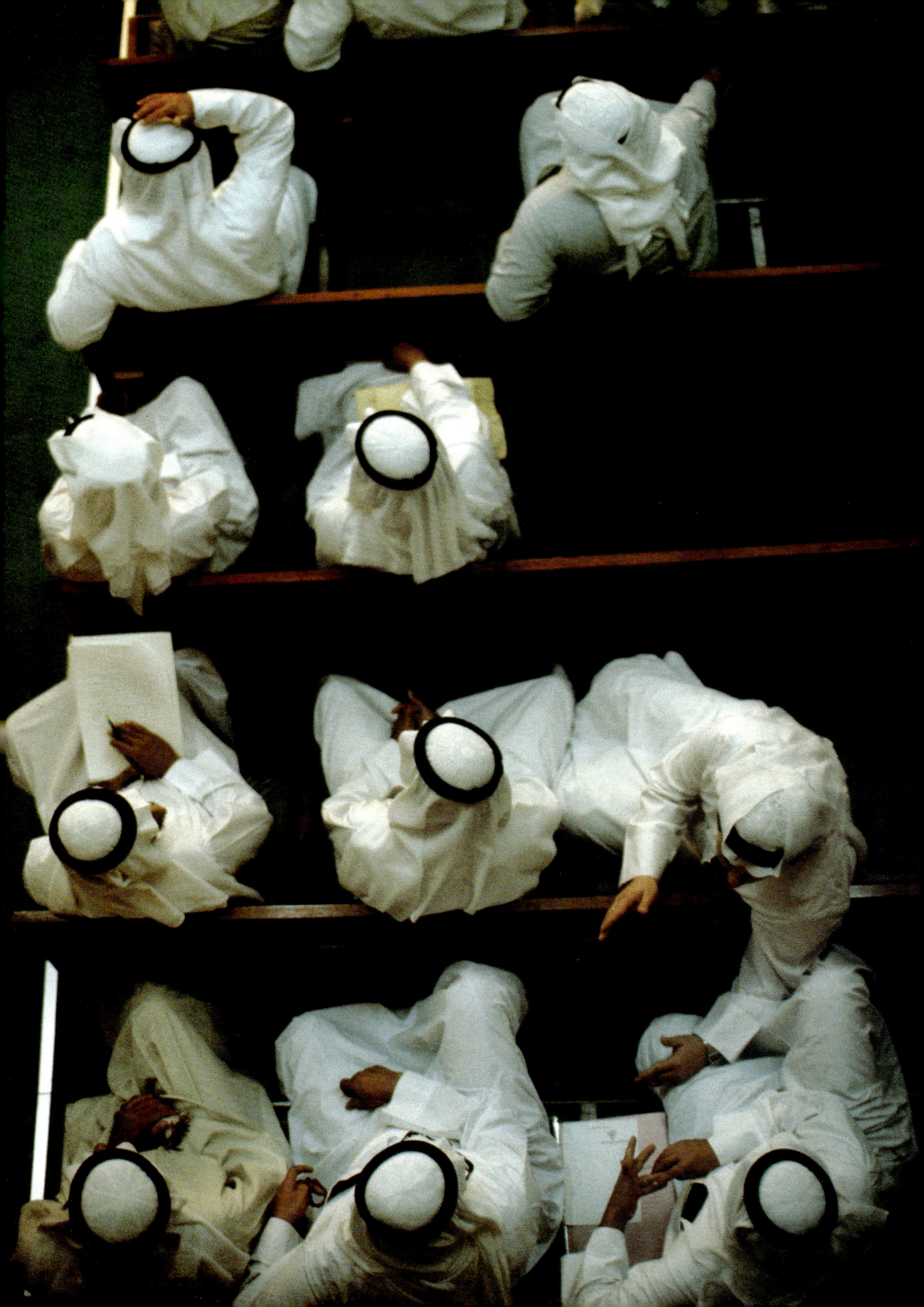

When the city was surrounded by a defensive wall, Jahra Gate was the main entrance to Kuwait.

Jadis, quand la cité était entourée par une muraille défensive, la Porte Jahra constituait l'entrée principale de Koweit.

Als noch eine Befestigung die Stadt umgab, war das Jahra Tor Haupteingang der Stadt.

بوابة الجهراء ، المدخل الرئيسي لمدينة الكويت قديما عندما كانت محاطة بسور .
أما الآن فهي مجرد معلم أثري .

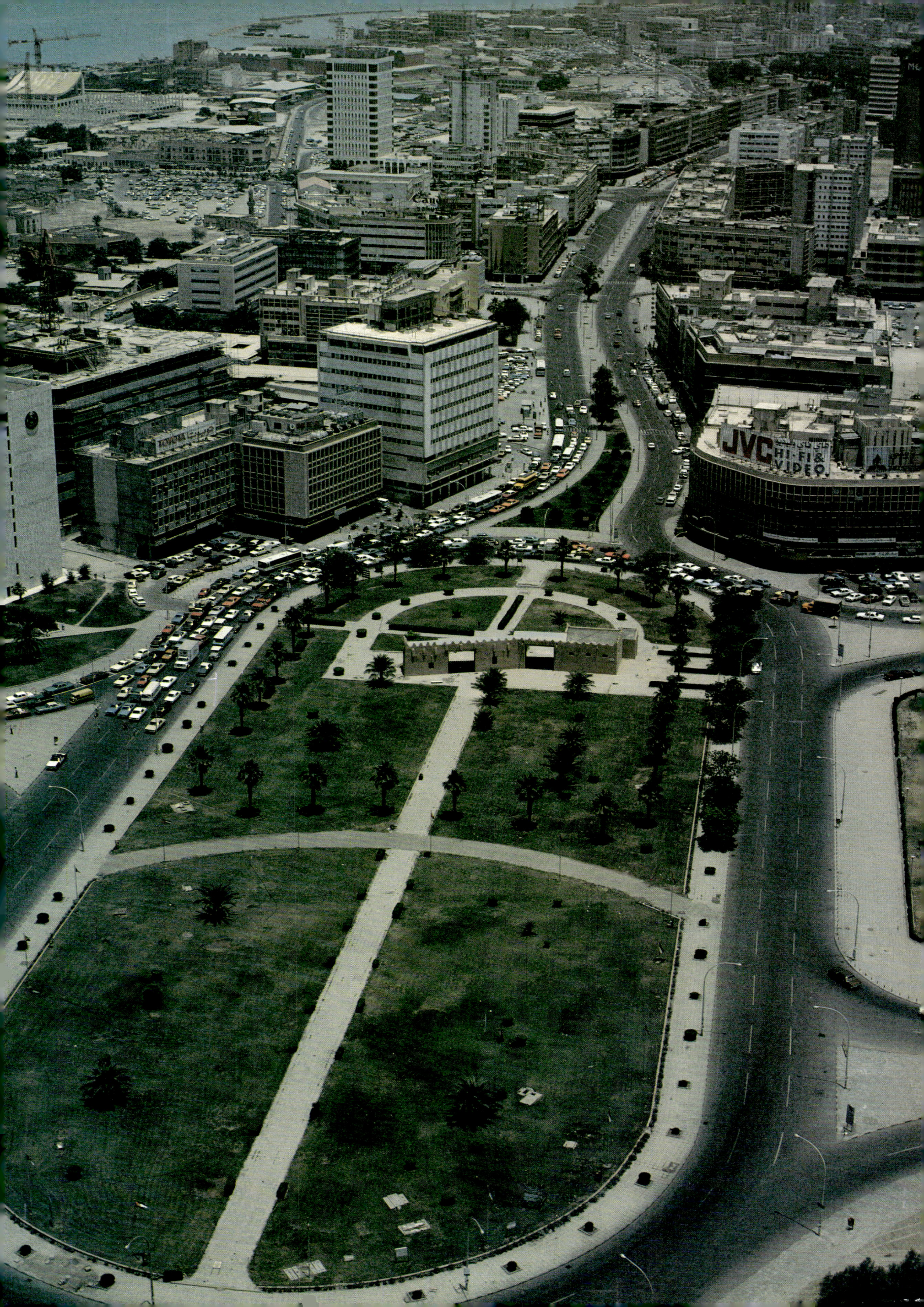
JVC
HI-FI & VIDEO

Fishermen inspect their traps during low tide. One of the oldest methods of fishing.

Les pêcheurs révisent leurs trappes pendant la basse courant de marée. Une des plus anciennes méthodes de pêche.

Fischer untersuchen bei Ebbe ihre Gezeitennetze. Eine der ältesten Methoden des Fischfangs überhaupt.

الصيادون يتفقدون « الحظرة » وقت الجزر . احدى طرق الصيد القديمة في الكويت

The Touristic Towers. 100 meters above ground, a restaurant with a wonderful view.

Les Tours Touristiques. A 100 mètres d'altitude, un restaurant avec une vue formidable.

Die Türme von Kuwait. In einer Höhe von 100 Metern befindet sich ein Restaurant mit wundervoller Aussicht.

أبراج الكويت السياحية حيث يوجد مطعم على ارتفاع ١٠٠ متر عن سطح الارض .

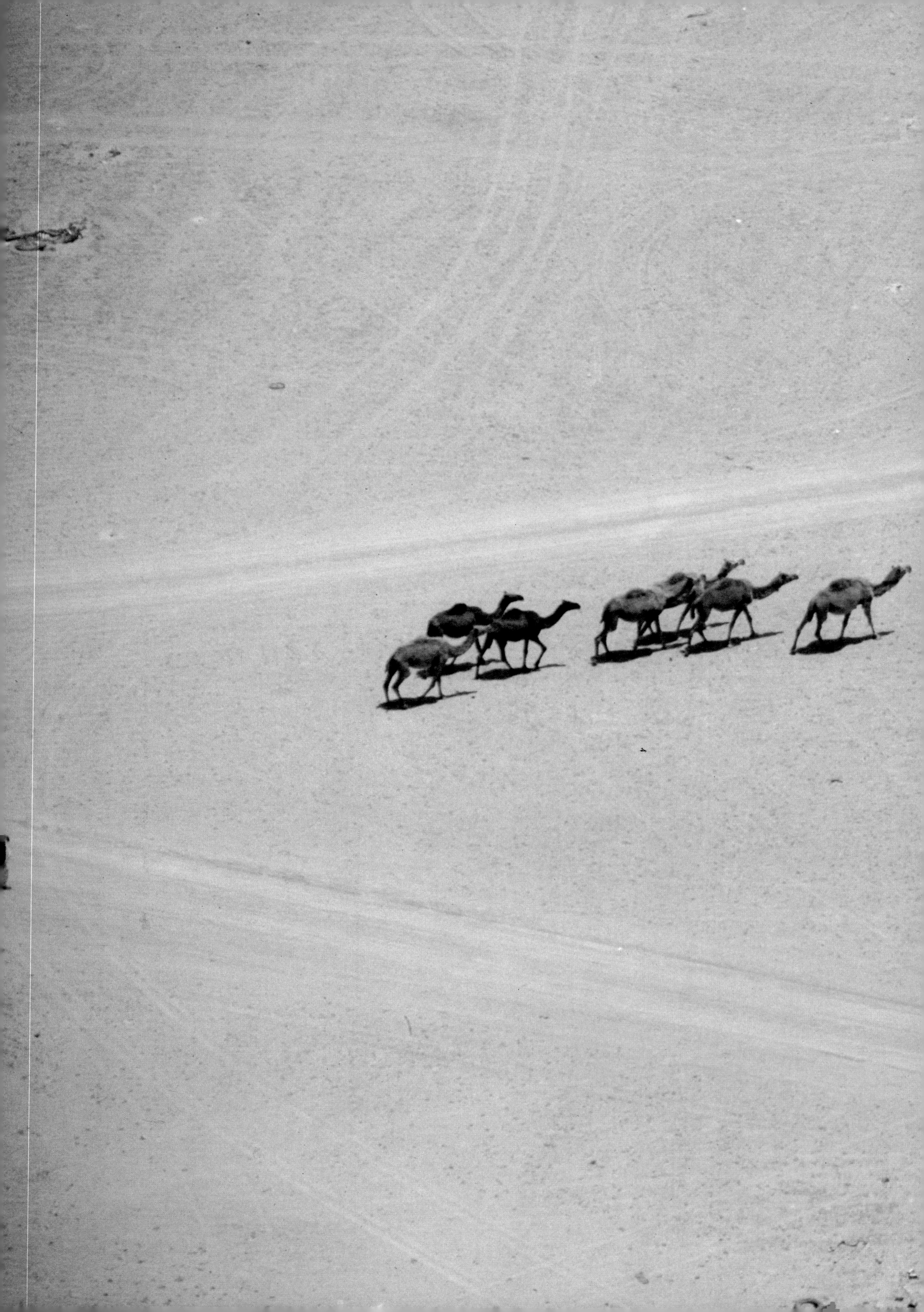

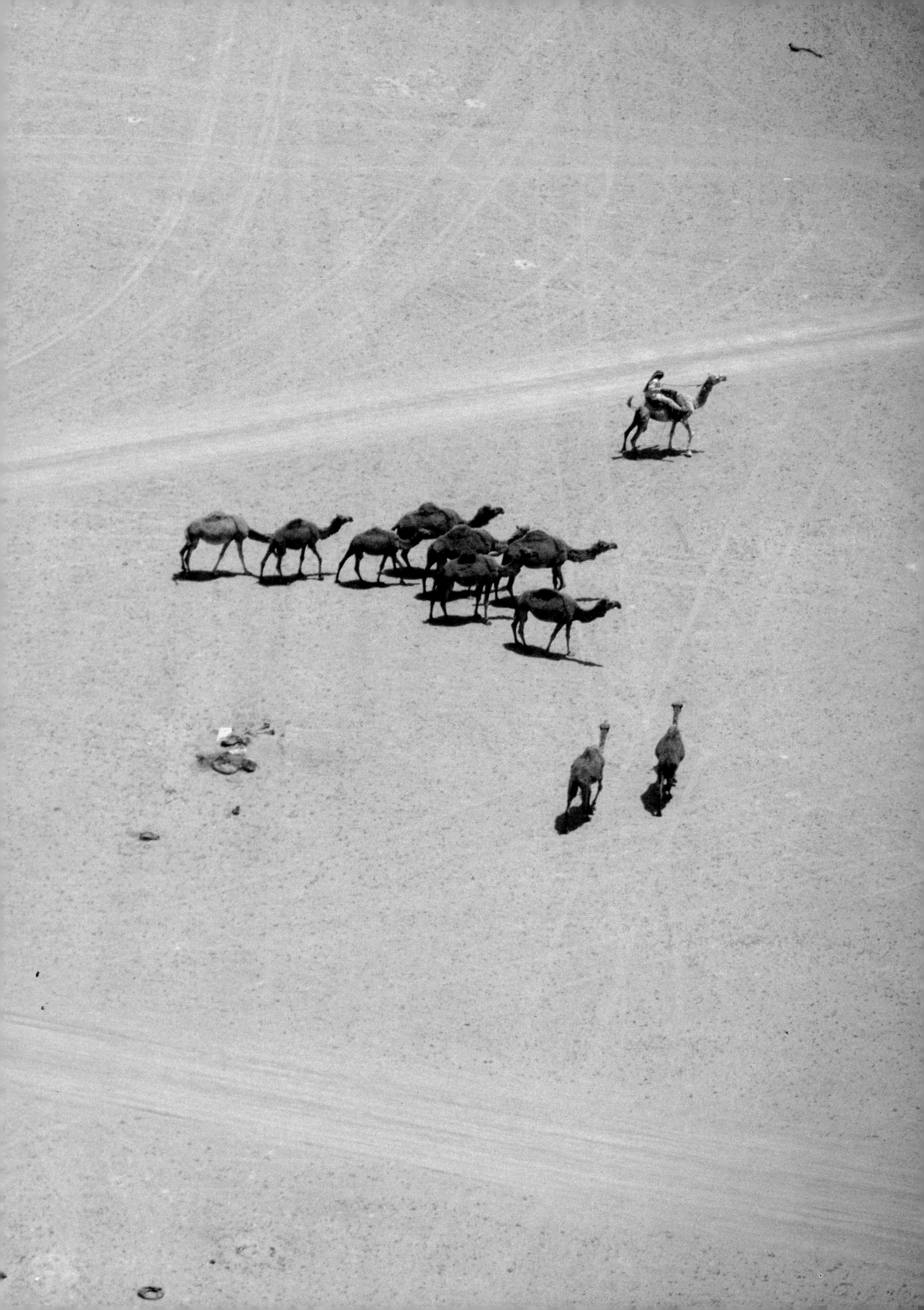

Camels — called the ships of the desert — are not a common sight anymore.

La vue des chameaux — appelés autrefois «Les navires du désert» — est très rare aujourd'hui à Koweit.

Kamele — einst Wüstenschiffe genannt — sieht man heute nicht mehr oft.

الجمال- أو سفن الصحراء كما توصف ، لم تعد منظرا مألوفا هذه الأيام

Kuwait's close ties to the sea, to the desert, and to its everyday life are all recorded in its folkloric songs and dances.

Les étroites et tipiques relations entre Koweit, la mer, le désert et la vie quotidienne se trouvent reflétées dans ses chants et ses dances folkloriques.

Das tägliche Leben der Bewohner dieses Landes, ihre Verbundenheit mit Meer und Wüste, das alles spiegelt sich in der kuwaitischen Folklore — den Liedern und Tänzen — wieder.

يجسّد الفولكلور الكويتي من رقص وغناء ، ارتباط الكويت القوي بالبحر والصحراء ، ويصور امجادها وحياتها اليومية .

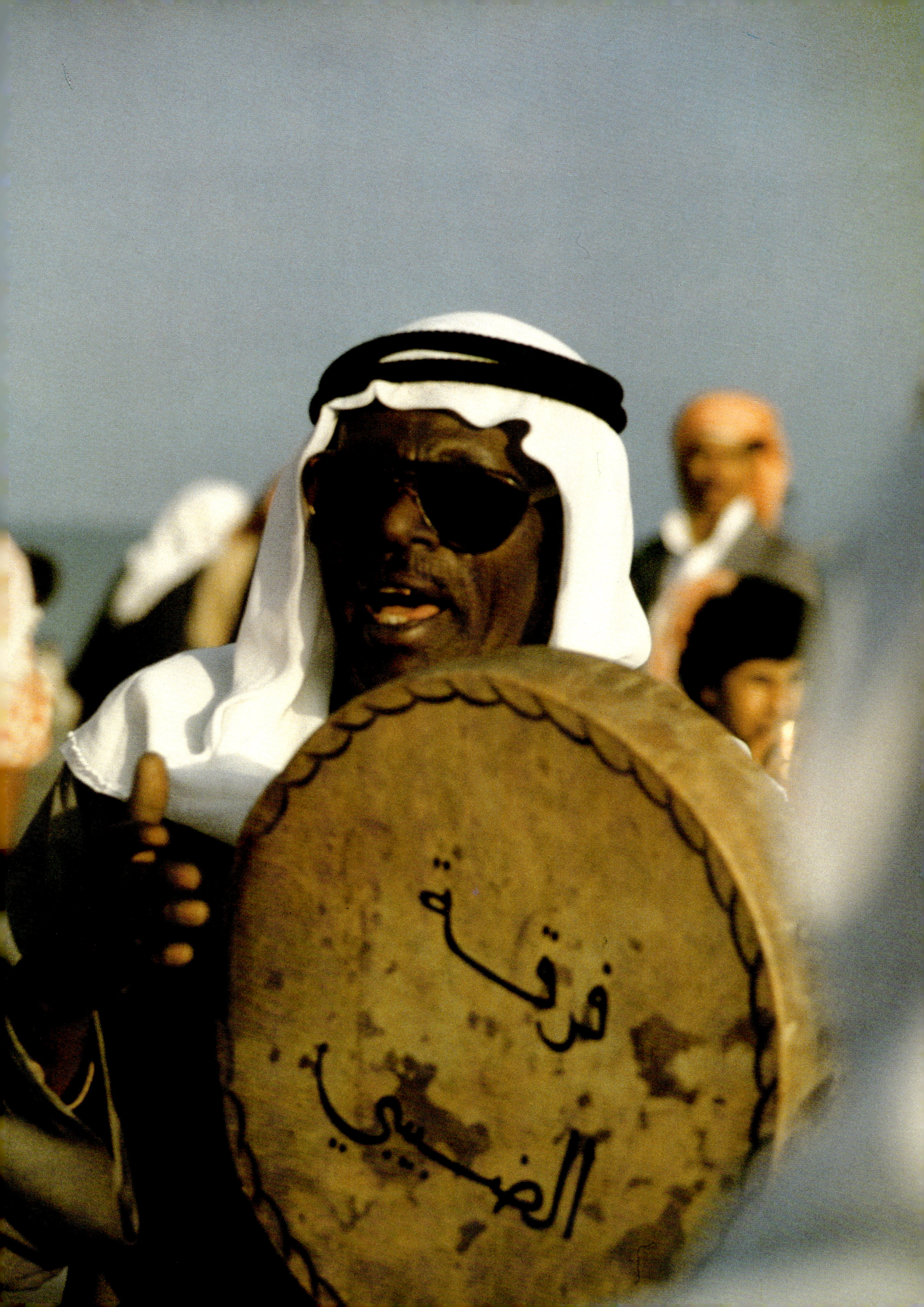
فرقة
الضبيبي

The Ministry of Information.
Le Ministère de l'Information.
Das Informationsministerium.

مجمع الاعلام

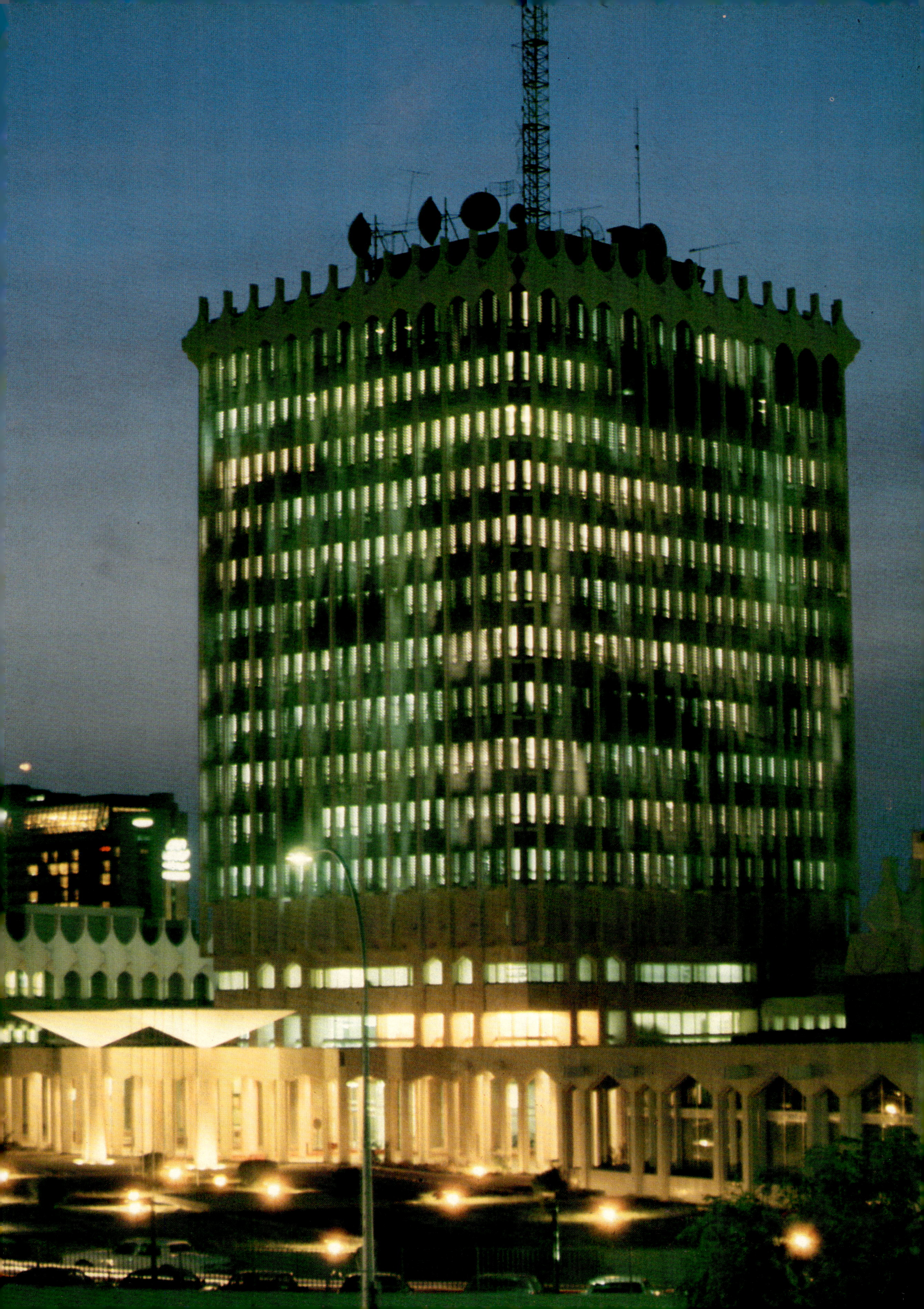

Kuwait is an important financial centre and its investment activities are closely monitored outside.

Le Koweit est un centre financier très important et ses activités d'investissement sont suivies de très près à l'étranger.

Kuwait ist ein bedeutendes Finanzzentrum und seine Investitionsaktivitäten finden überall Beachtung.

تعتبر الكويت مركزا ماليا مهما وتستقطب نشاطاتها الاستثمارية اهتمام الجميع في الخارج .

Independence Day — a young country celebrates.

L'Anniversaire de l'Indépendance, un pays jeune en fête.

Unabhängigkeitstag — eine junge Nation feiert.

من مظاهر الاحتفال بعيد البلاد الوطني .

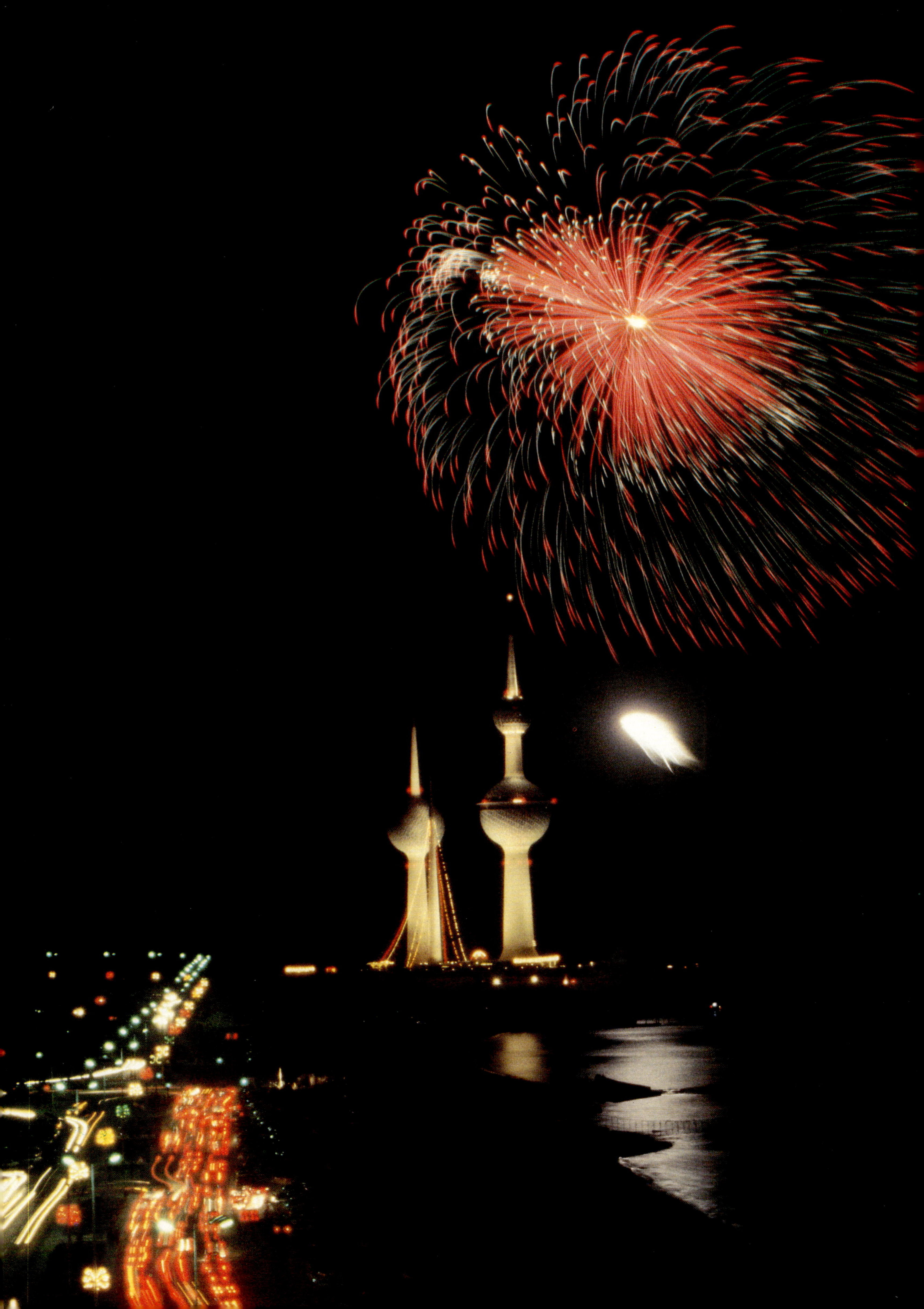

The desert: sand, sun and emptiness, severe and contemplative.
Le désert: le sable, le soleil et le vide, sévère et contemplatif.
Die Wüste: Sand und Sonne, Leere, Ruhe, Besinnlichkeit.
الصحراء-امتداد رملي لانهاية له ، وشمس متوهجة-مكان مناسب للتأمل .

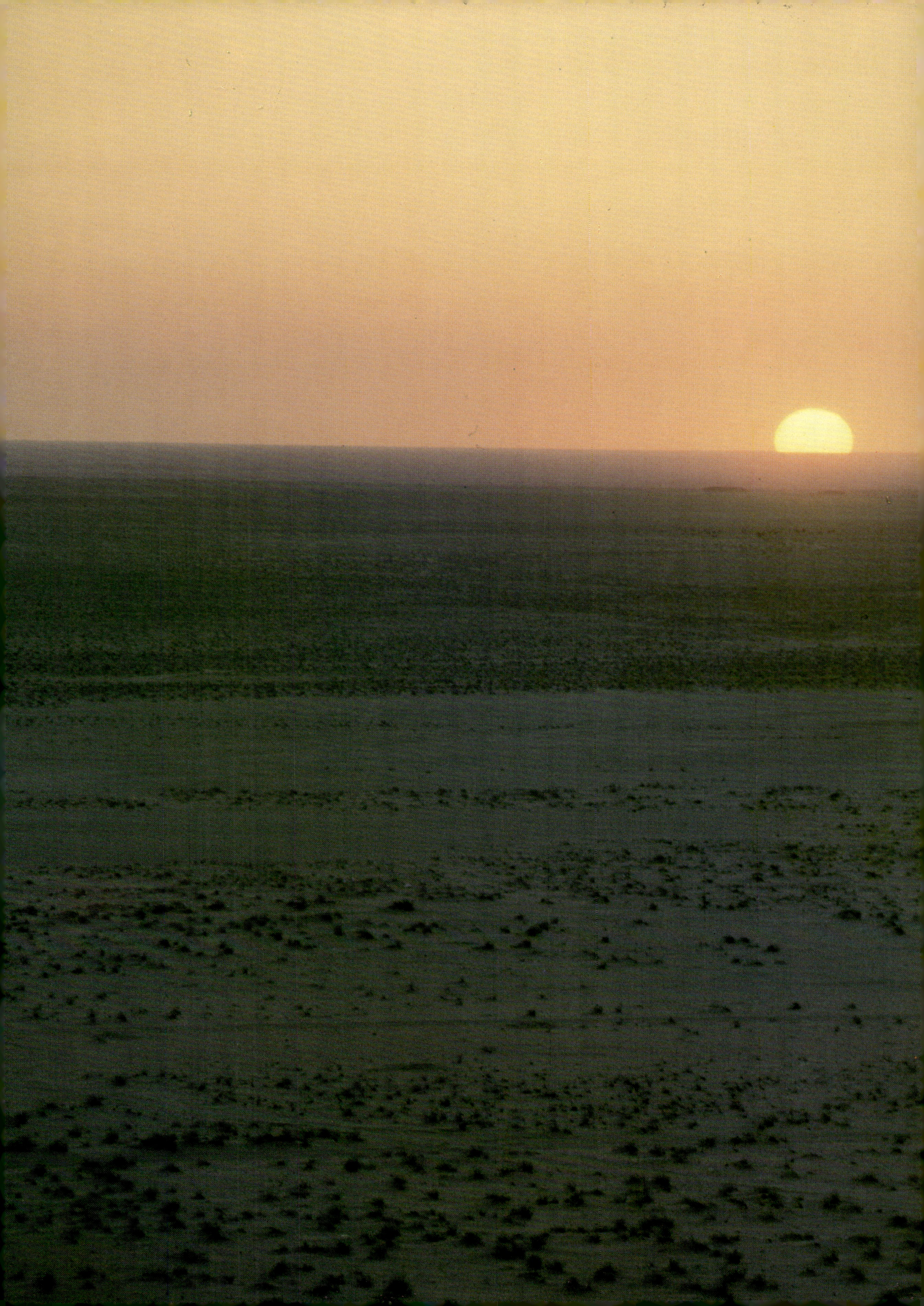

Kuwait Airport offers the latest word in facilities and services.

L'Aéroport International de Koweit offre le dernier cri en services.

Der internationale Flughafen von Kuwait verfügt über die modernsten Einrichtungen.

يتمتع المسافرون في مطار الكويت الدولي بأفضل مايمكن تقديمه من تسهيلات وخدمات في عالم الطيران .

More than 10,000 building permits are issued every year.

Plus de 10.000 permis de bâtir sont délivrés chaque année.

Jedes Jahr werden über 10 000 Baugenehmigungen erteilt.

يتم اصدار اكثر من عشرة آلاف تصريح بناء سنويا-

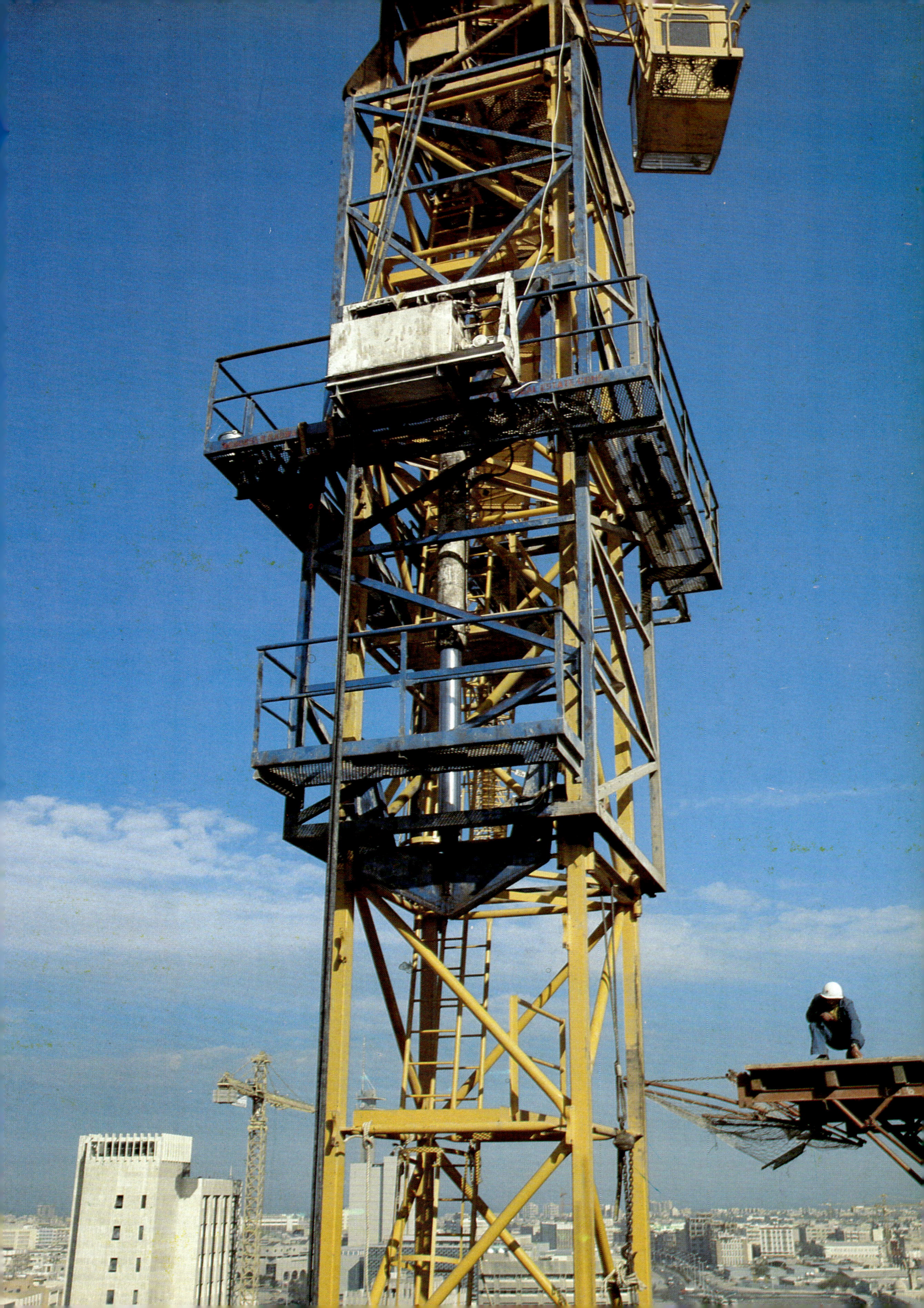

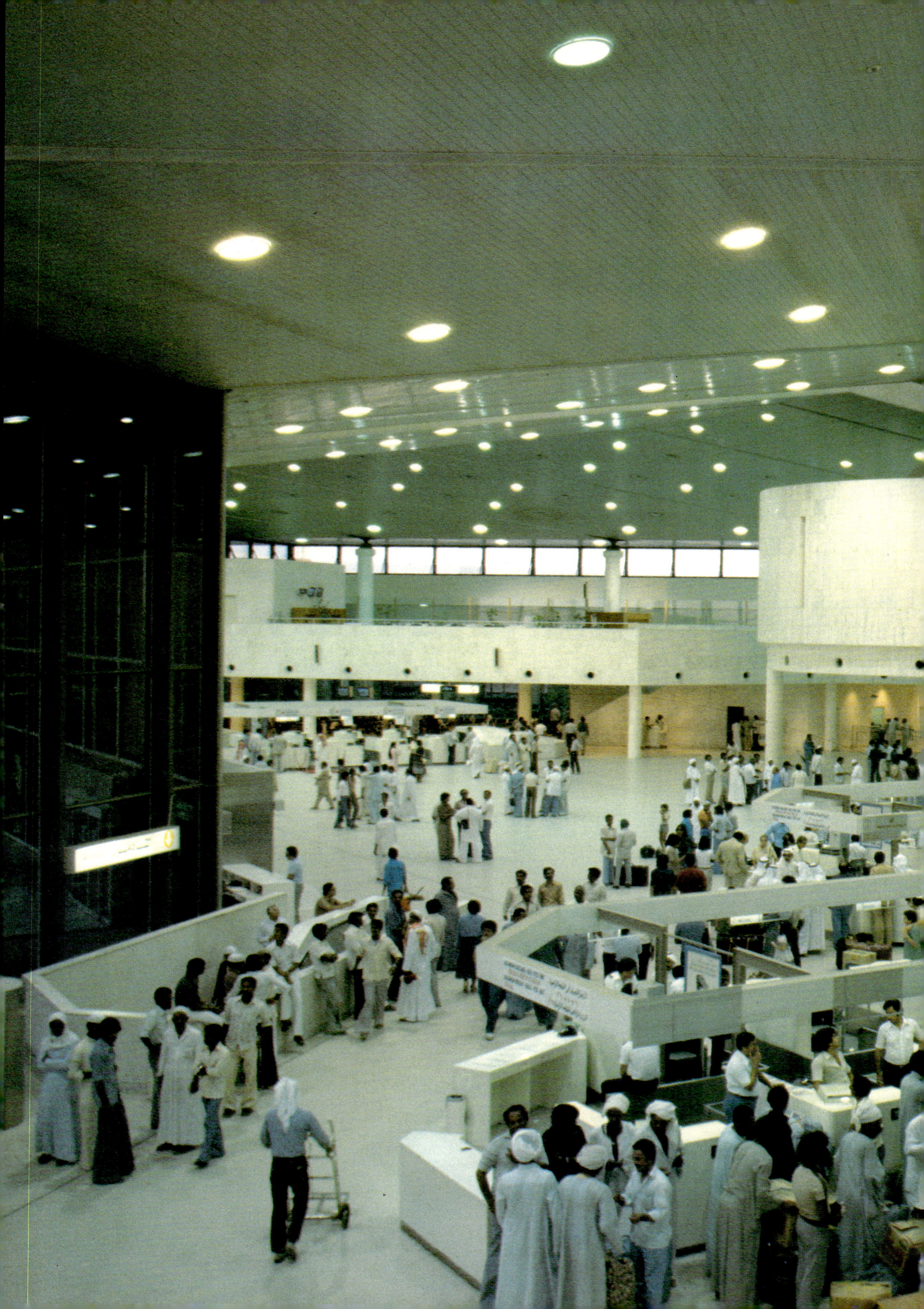

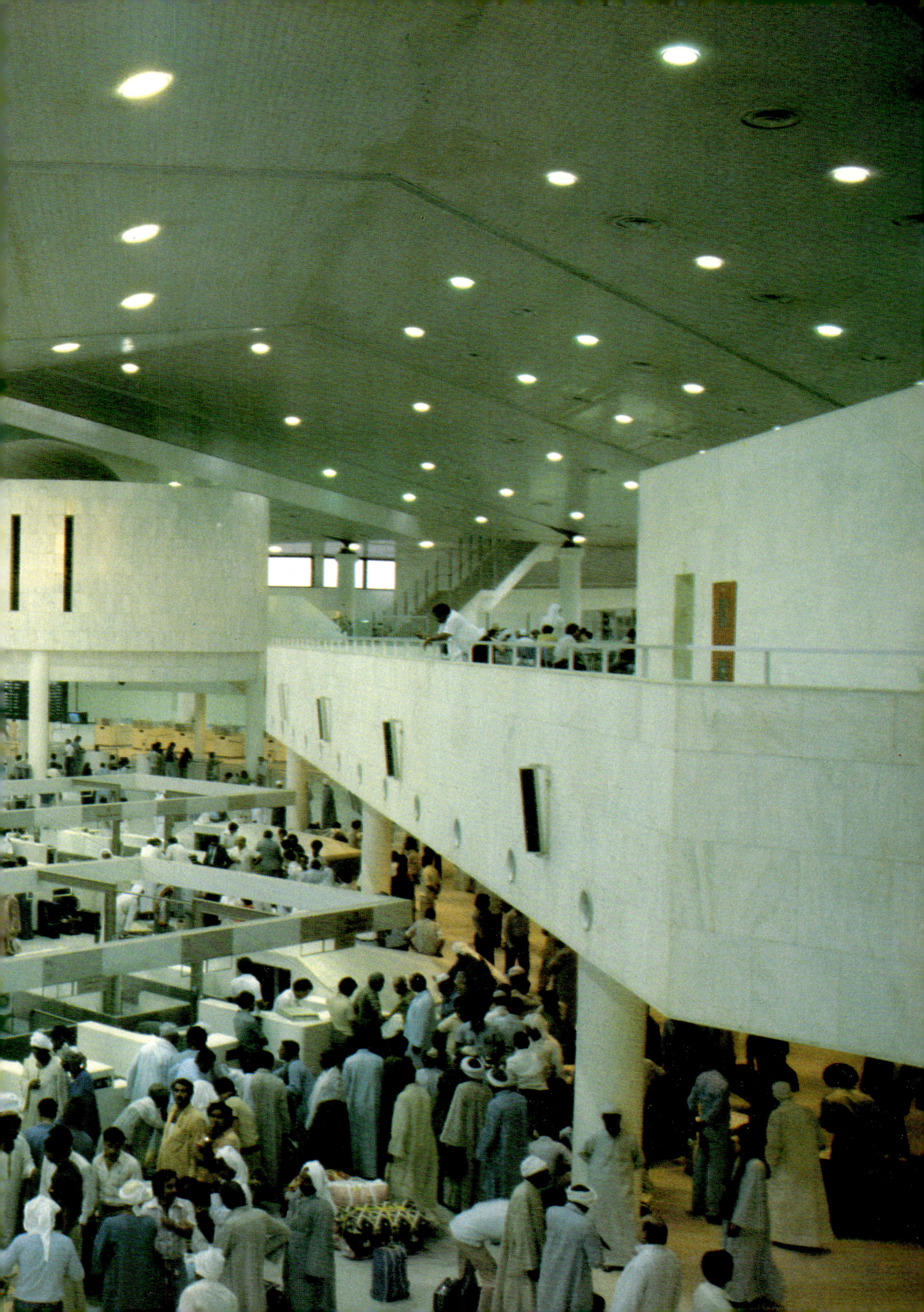

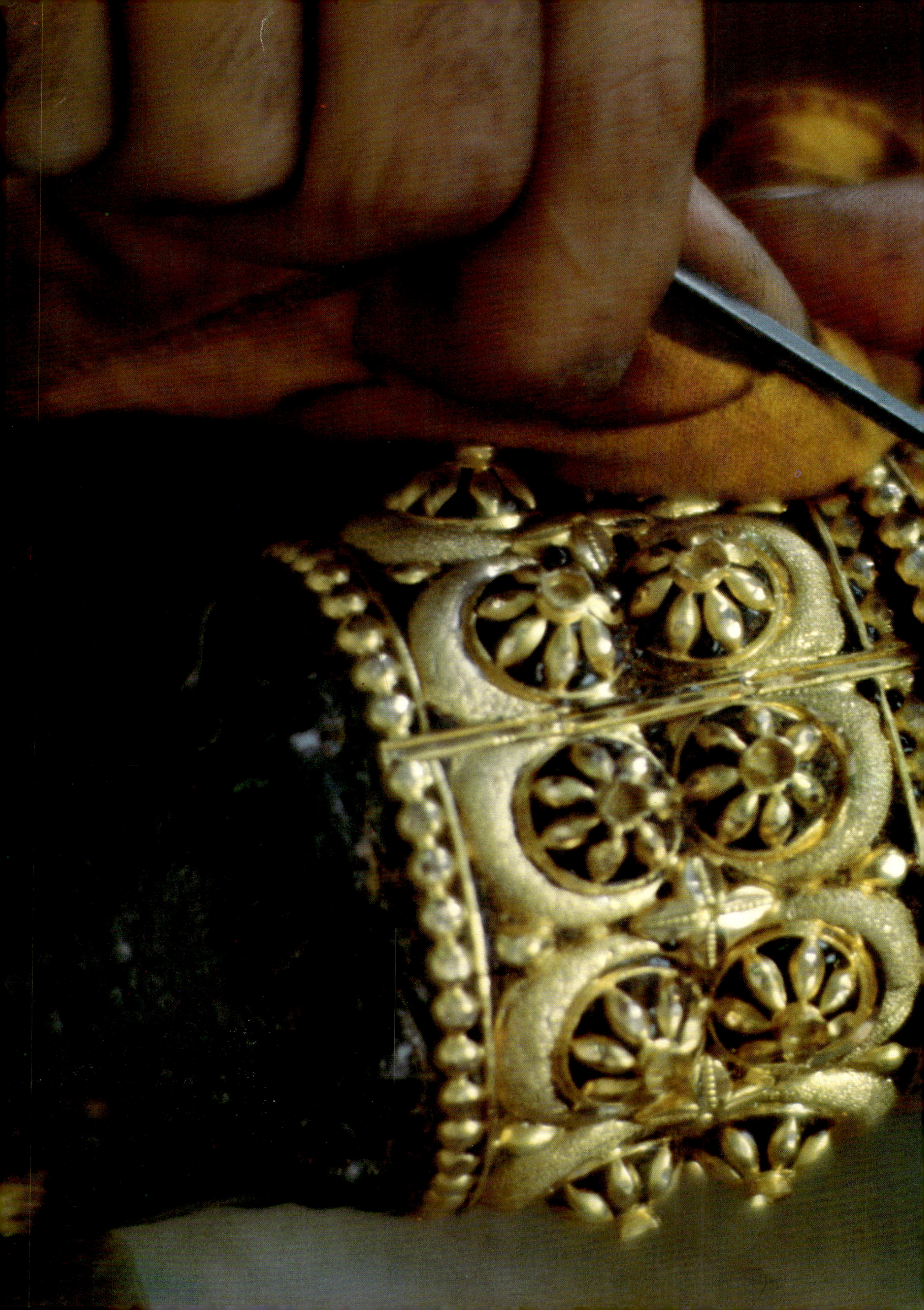

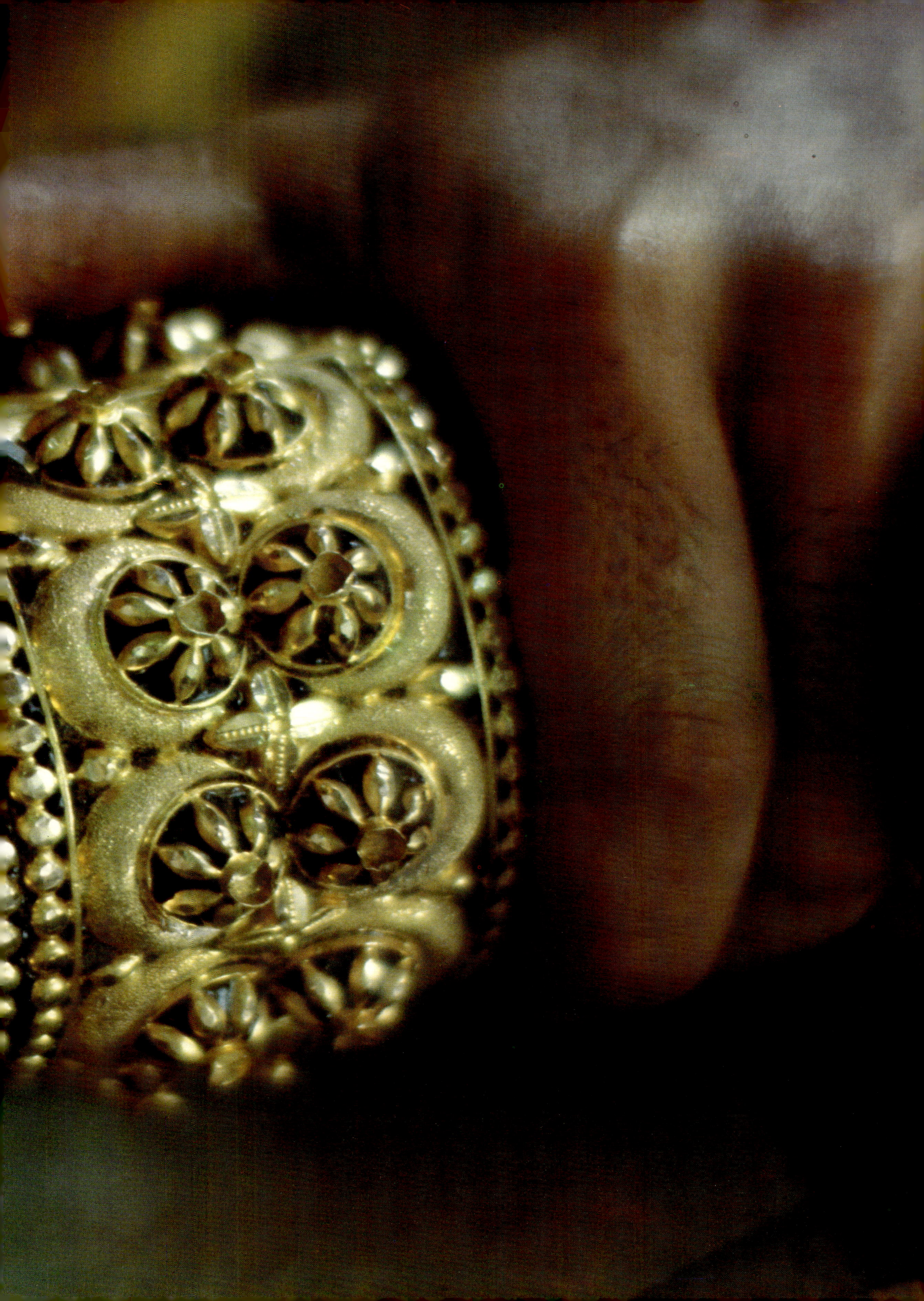

← A goldsmith carving a heavy elaborated jewel.

Un bijoutier en train d'élaborer un magnifique bijou.

Ein Goldschmied bei der Arbeit.

صائغ ذهب اثناء العمل

The coffee and spices of old Arabia.

Le café et les èpices de l'Arabie d'autrefois.

Kaffee und Gewürze des alten Arabien.

القهوة والتوابل العربية

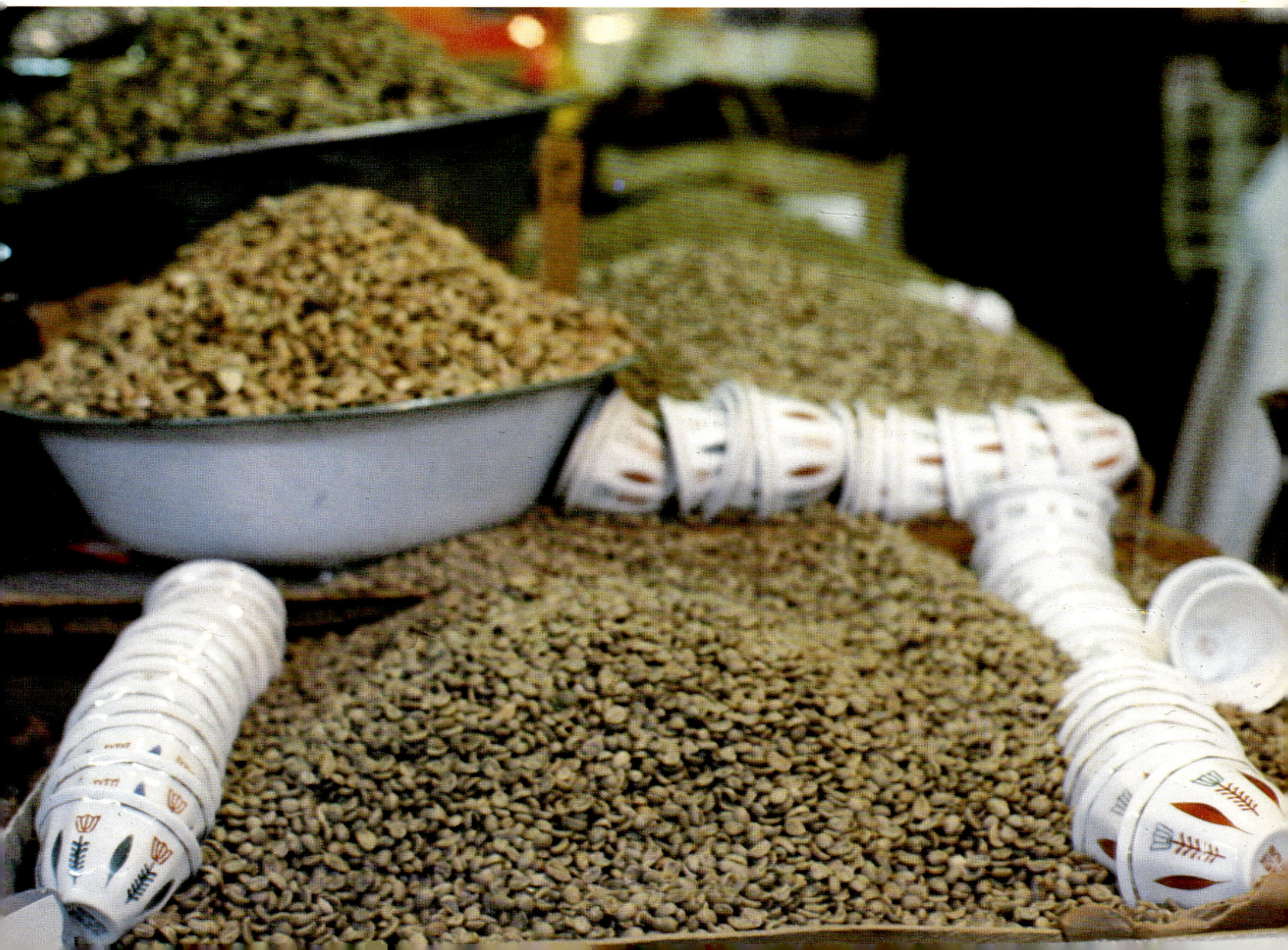

Gymnasts and balloons — the exuberance of National Day.

Gymnastes et ballons, l'exubérance de la Fête Nationale.

Festlichkeiten während des Nationalfeiertags.

مهرجان في أحد الأندية الرياضية احتفالا بالعيد الوطني

The wealth of Kuwait — its youth.

La richesse de Koweit — sa jeunesse.

Die Jugend — der wahre Reichtum Kuwaits.

الشباب ثروة البلاد الحقيقية

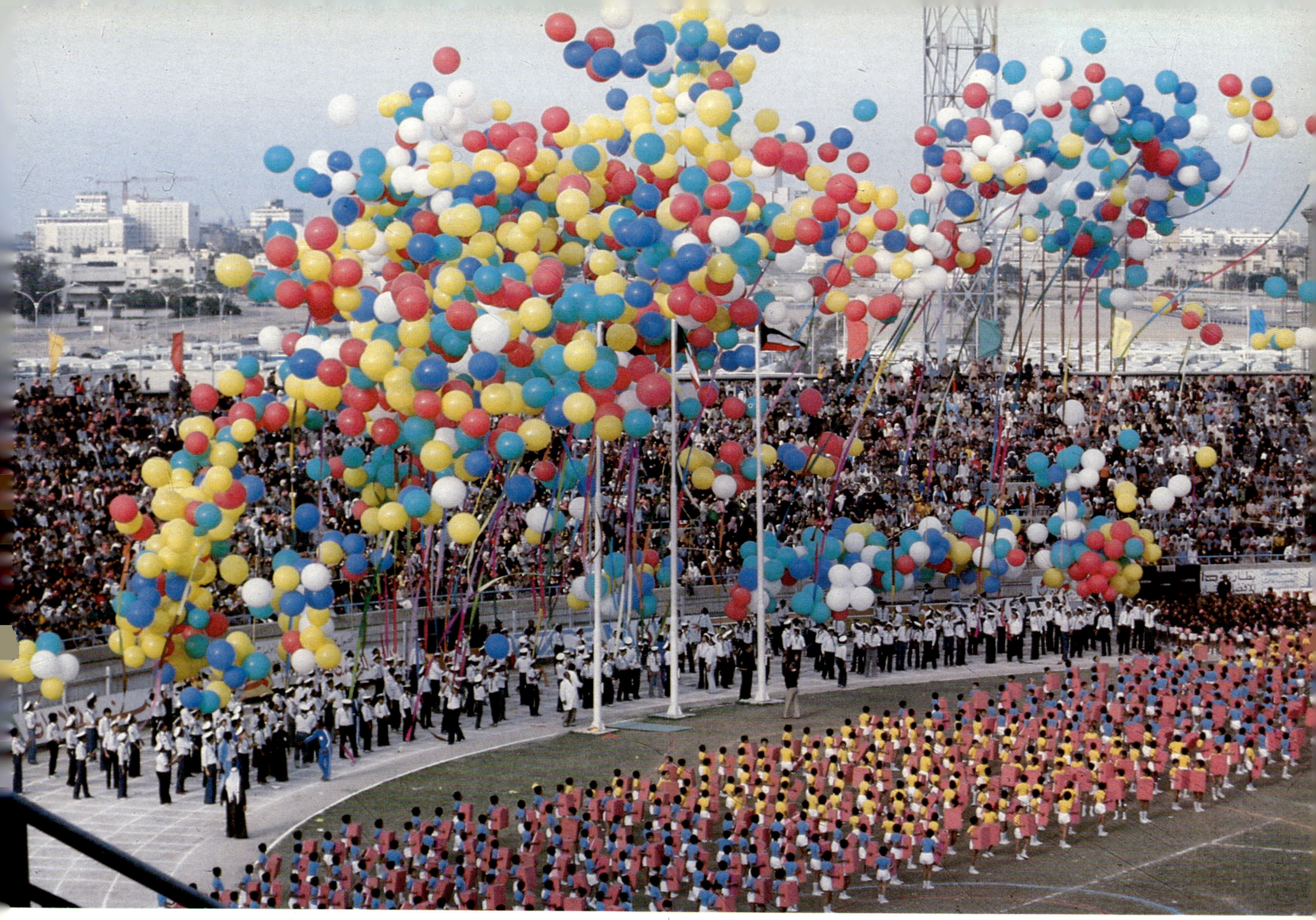

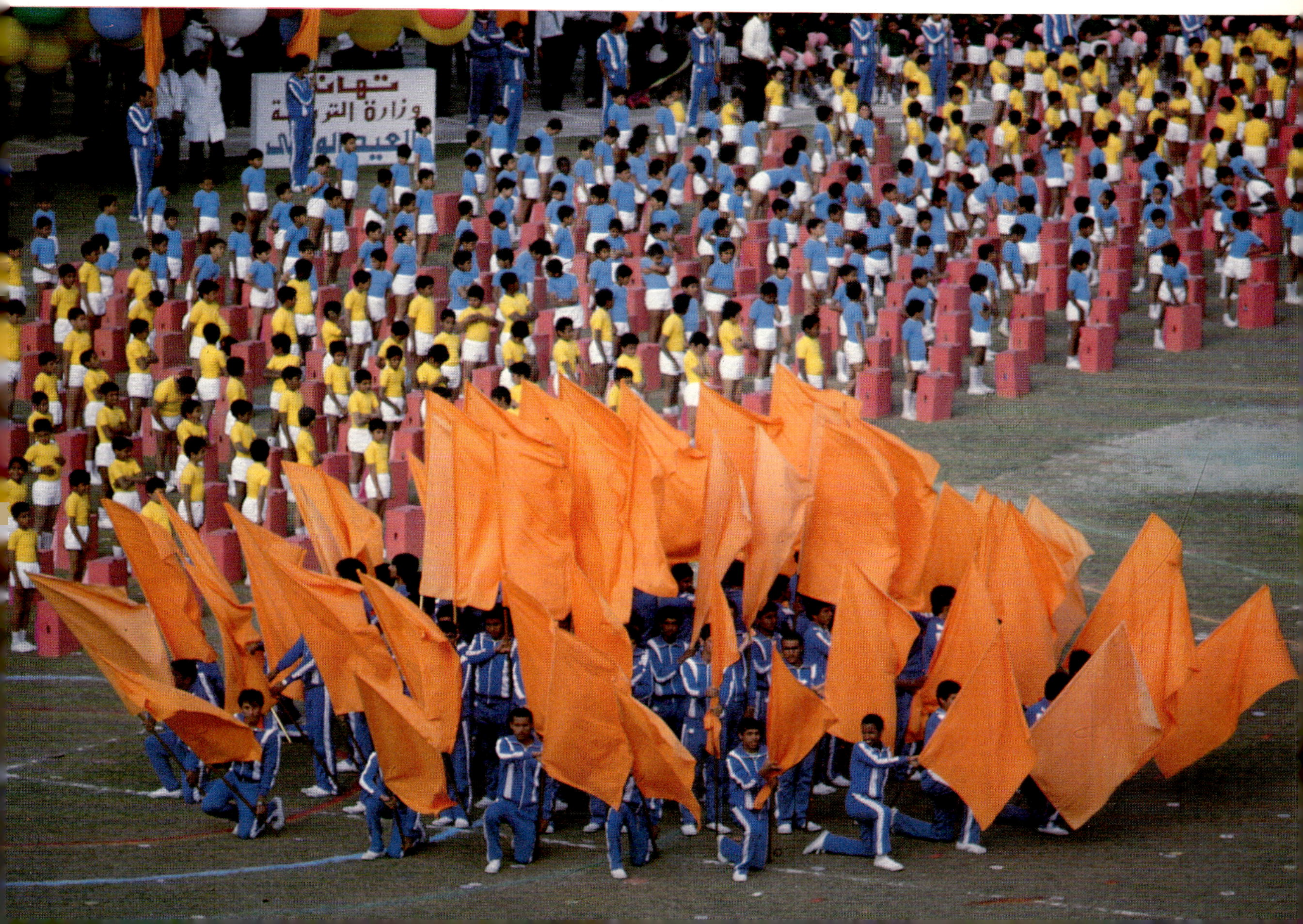
وزارة

A kuwaiti girl dancing in a traditional «Thobe» embroidered with gold thread.

Une jeune koweitienne danse vêtue de la tunique traditionnelle «Sobe» garnie avec des broderies en or.

Ein kuwaitisches Mädchen tanzt in der traditionellen, goldbestickten «Thobe».

فتــاة كويتية بالثياب التقليدية الموشاة بالخيوط الذهبية

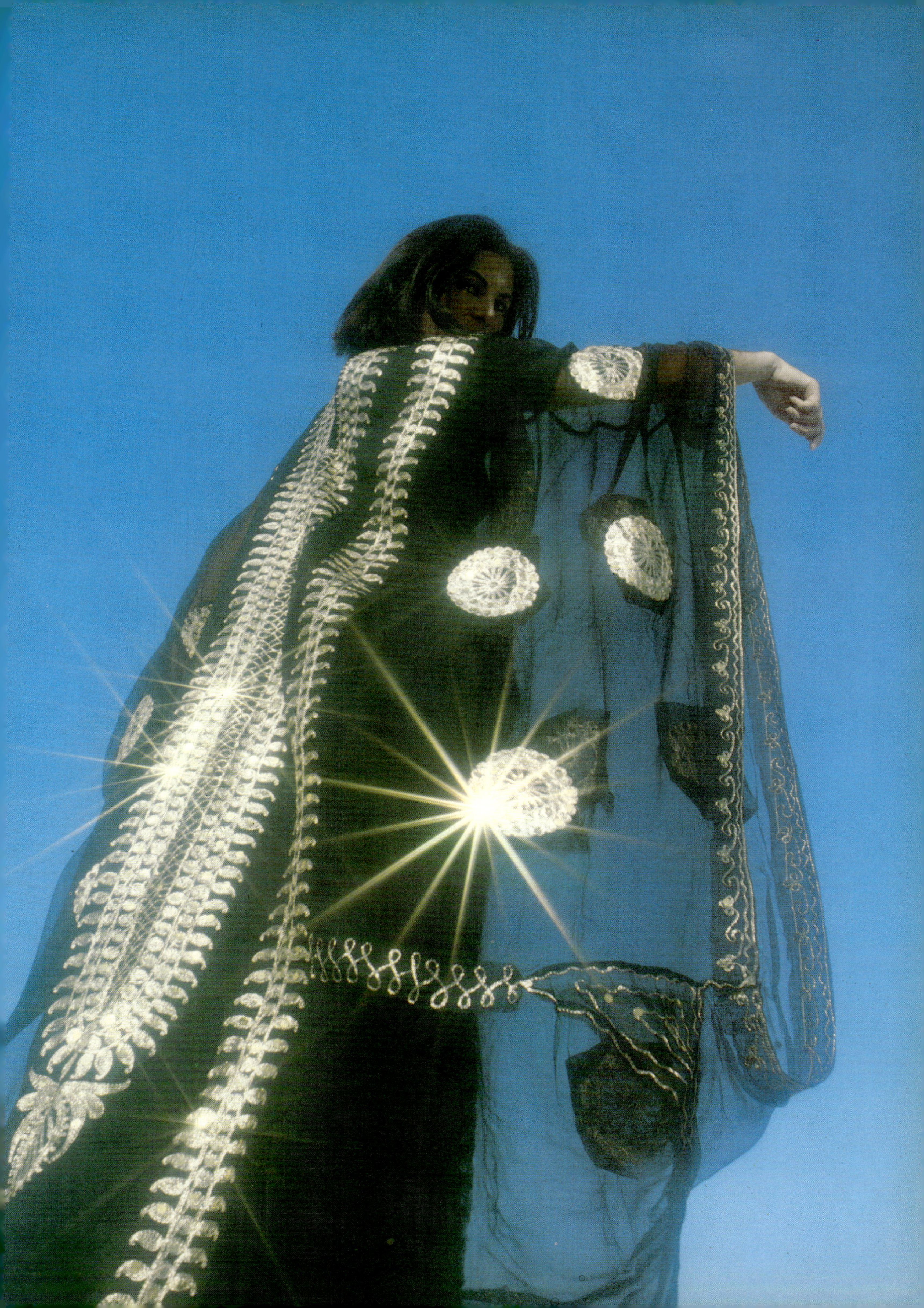

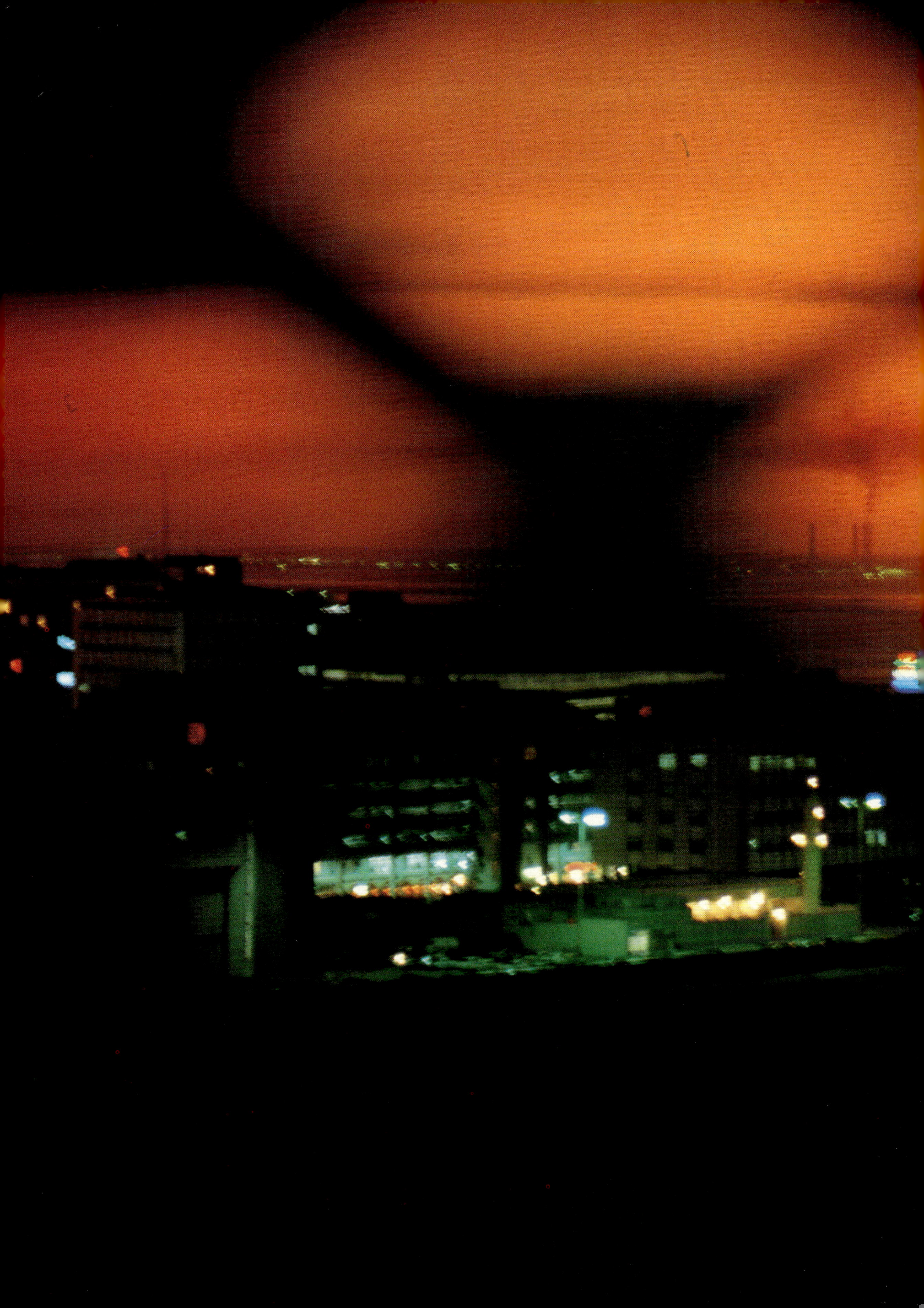

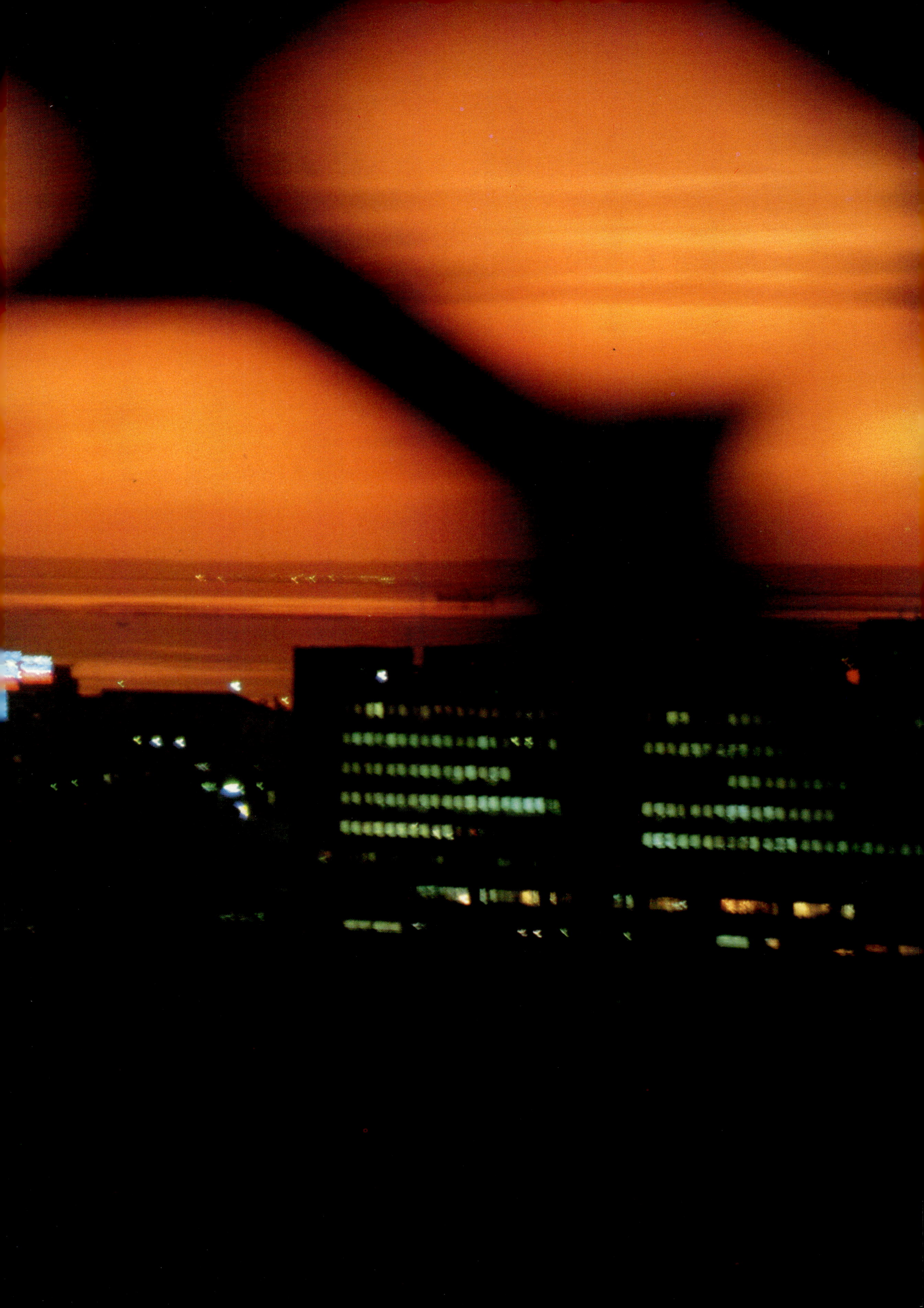

Sunset over the city. In the horizon, the chimneys of Doha Power Station which provides the city with energy.

La couchée du soleil règne sur la cité. A l'horizon, l'Estation d'Electricité de Doha, par laquelle la cité est munie de l'énergie.

Sonnenuntergang über der Stadt. Am Horizont die Schornsteine des Kraftwerks von Doha, das die Stadt mit Energie versorgt.

المدينة وقت الغروب - حيث يظهر في الأفق مداخن محطة الدوحة الكهربائية التي تزود المدينة بالطاقة .

The traditional «Sword Dance». Shaikh Abdalla Al-Jaber, Special Advisor to the Emir is seen dancing during an official ceremony.

La traditionnelle «Danse de l'Epée». Sheikh Abdalla Al-Jaber, Conseiller Spécial de S.A. l'Emir, est aperçu pendant une cérémonie officielle.

Der traditionelle Schwertertanz. Auf diesem Bild sieht man Scheich Abdalla Al-Jaber, Berater des Emirs beim Schwertertanz.

رقصة العرضة ، احدى رقصات الحرب والشجاعة عند البدو .
يشاهد هنا الشيخ عبد الله الجابر المستشار الخاص للأمير وهو يشارك في هذه الرقصة الوطنية

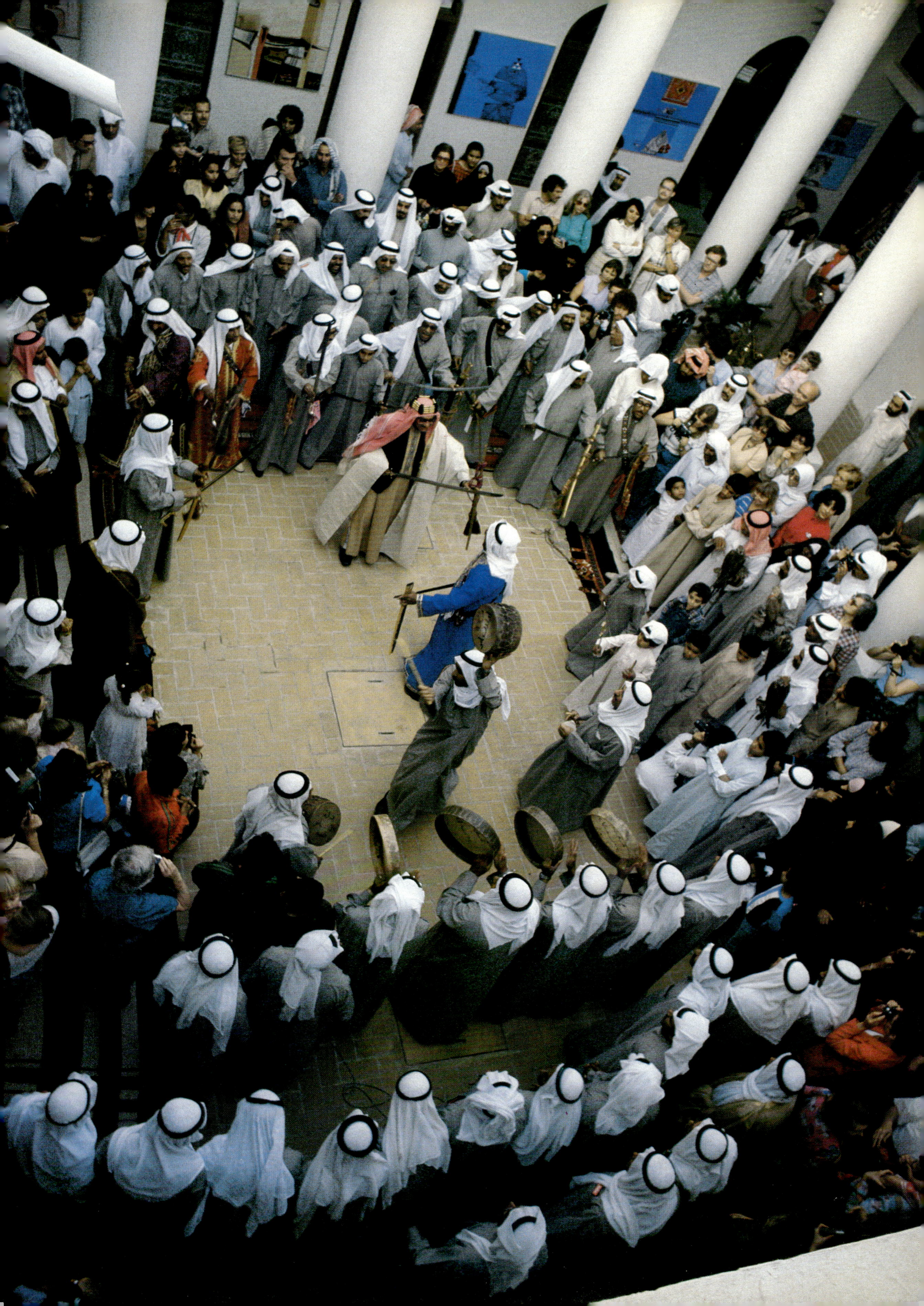

Oil and gas storage tanks. The country's crude oil reserves are the third largest in the world.

Des réservoirs pour l'emmagasinage de gaz et de pétrole. Les réserves du pays en pétrole brut sont les troisièmes les plus larges dans le monde.

Öl — und Gastanks. Die Rohölreserven des Landes sind die drittgrössten der Welt.

خزانات تجميع الغاز والنفط- تمتلك الكويت ثاني أكبر احتياطي للنفط الخام في العالم

Silver jewelry from the desert tribes. Tariq Rajab Museum-Kuwait.

Bijoux en argent fabriqués par des tribus du désert. Musée Tariq Rajab-Koweit.

Silberschmuck der Wüstenstamme. Tariq Rajab Museum, Kuwait.

المصنوعات الفضية البدوية « من موجودات متحف طـارق رجب-الكويت »

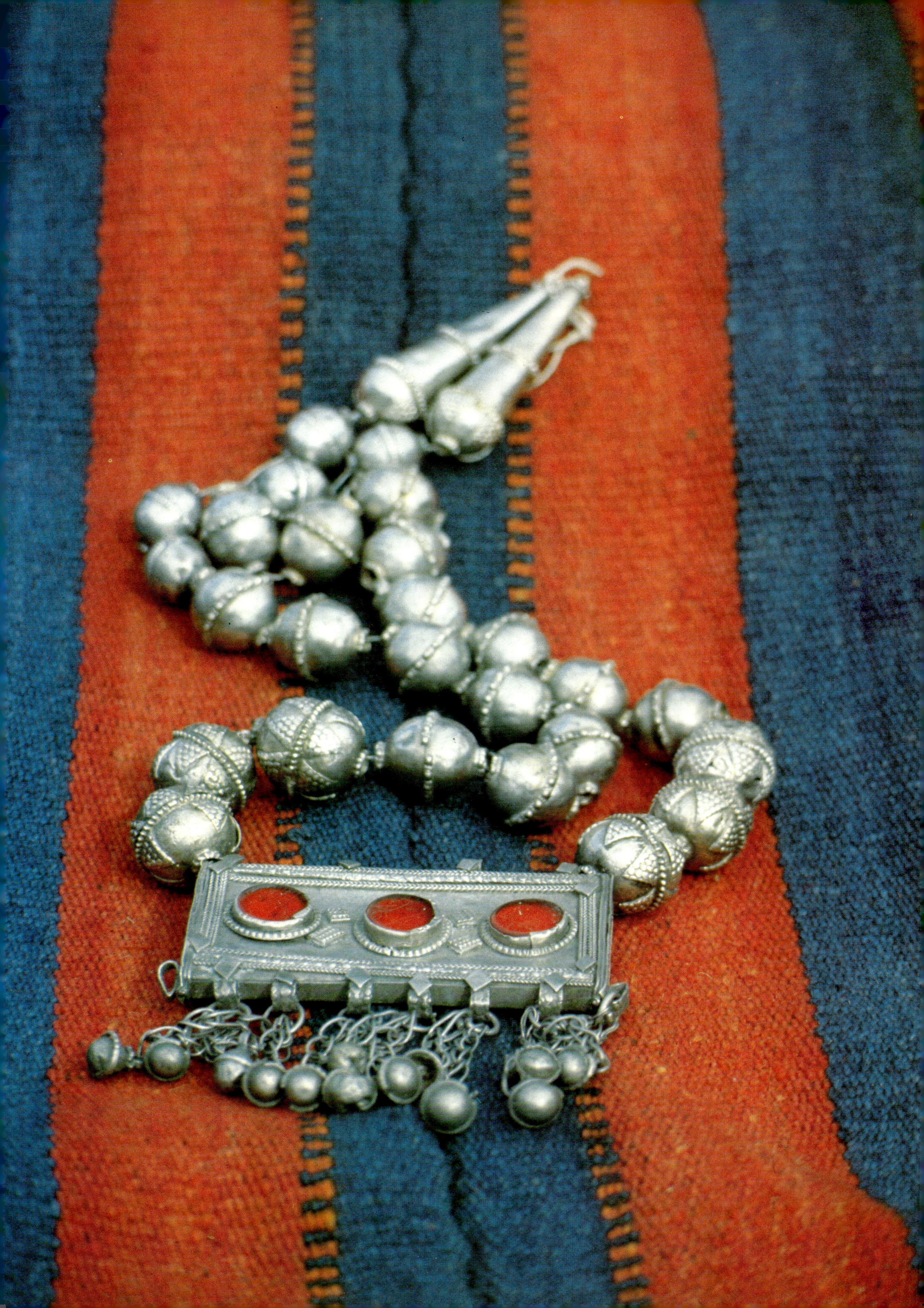

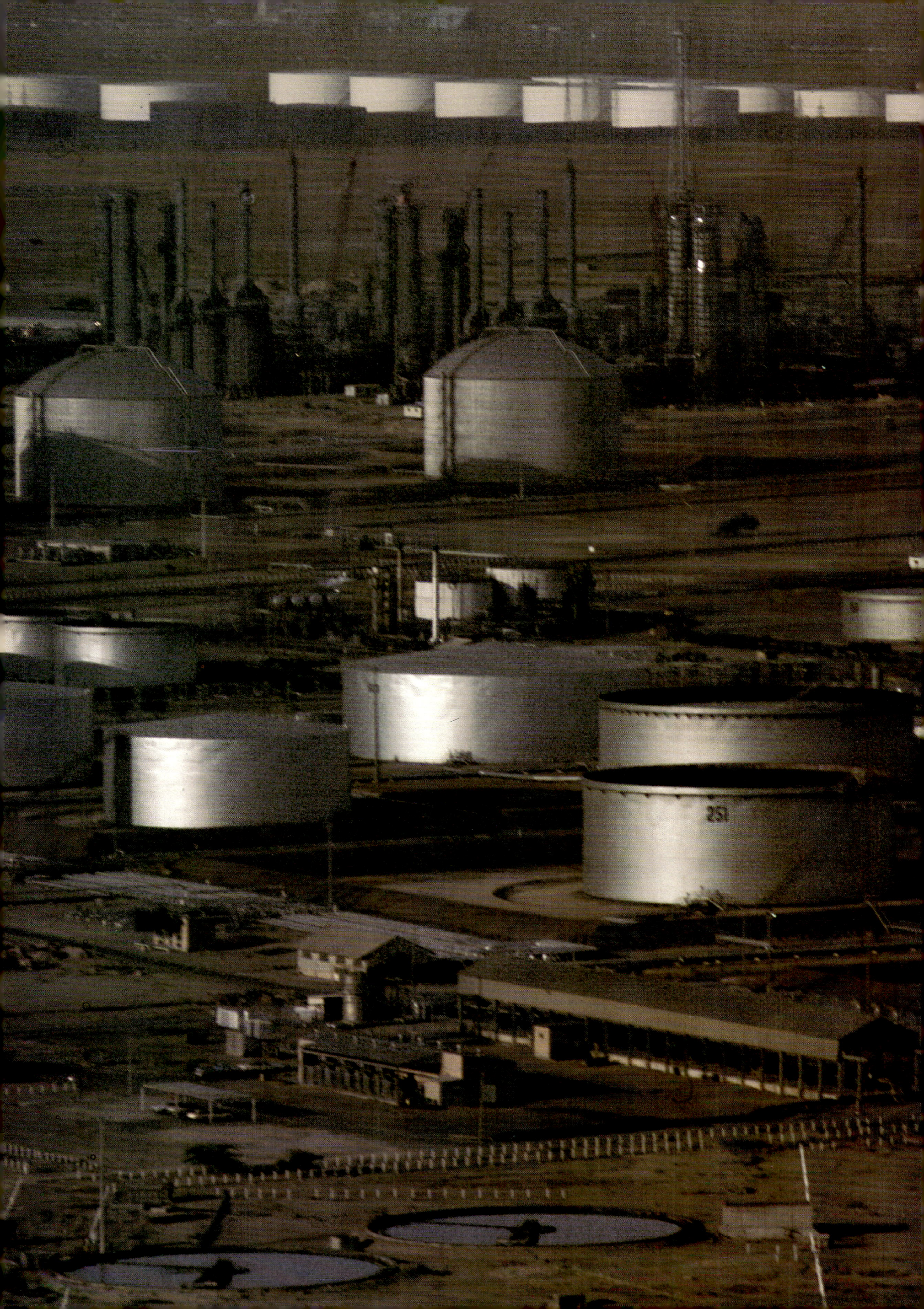
251

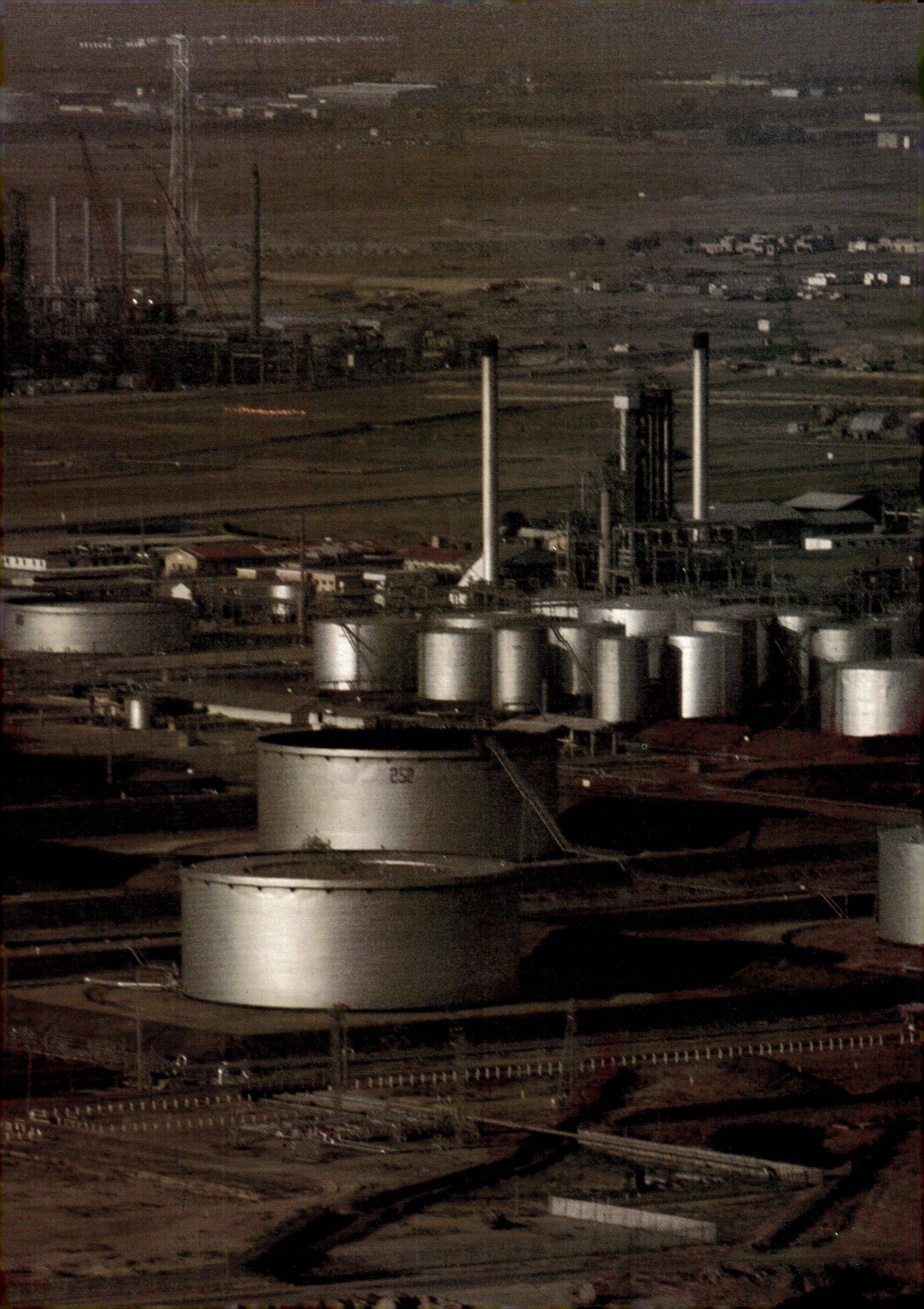

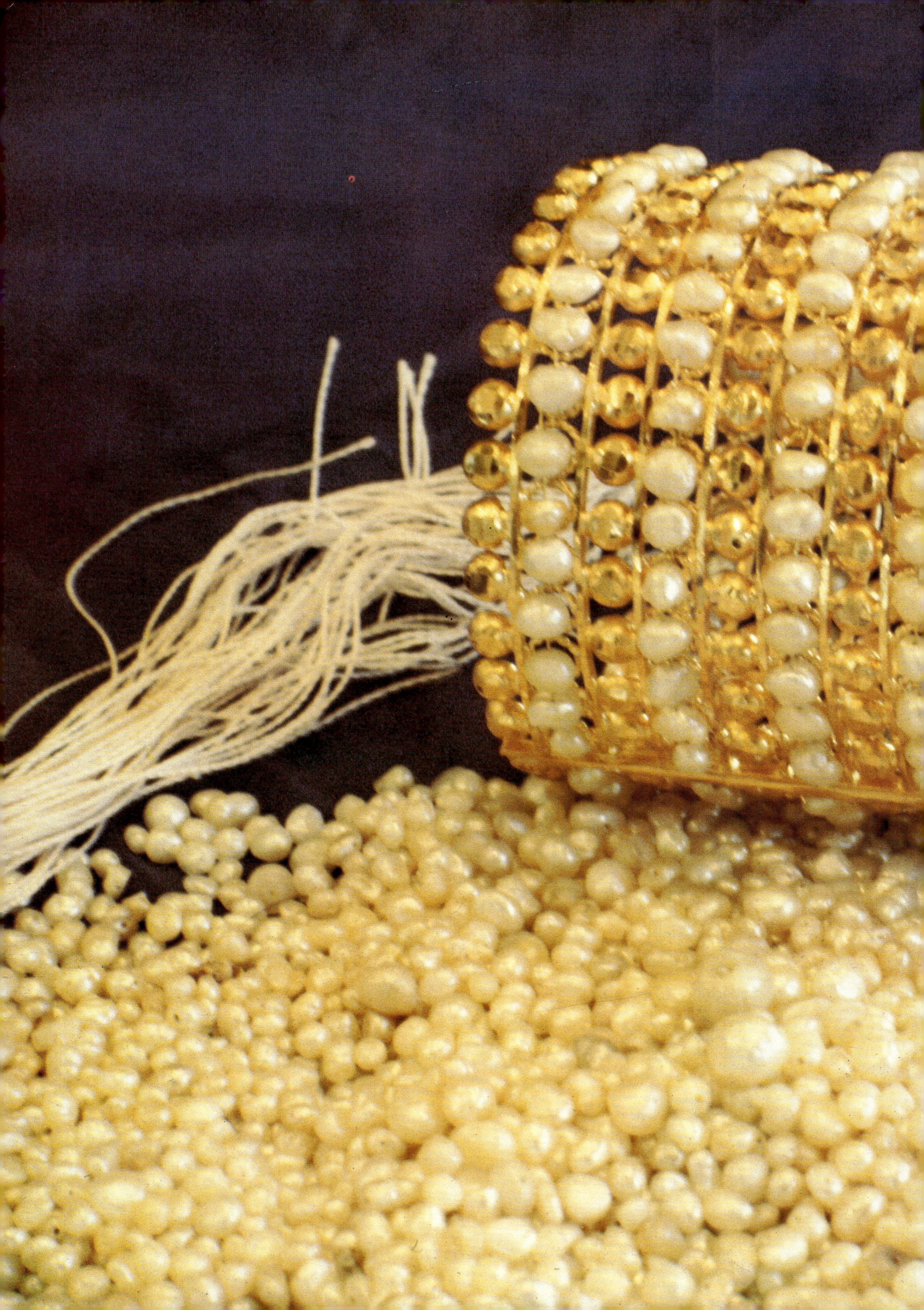

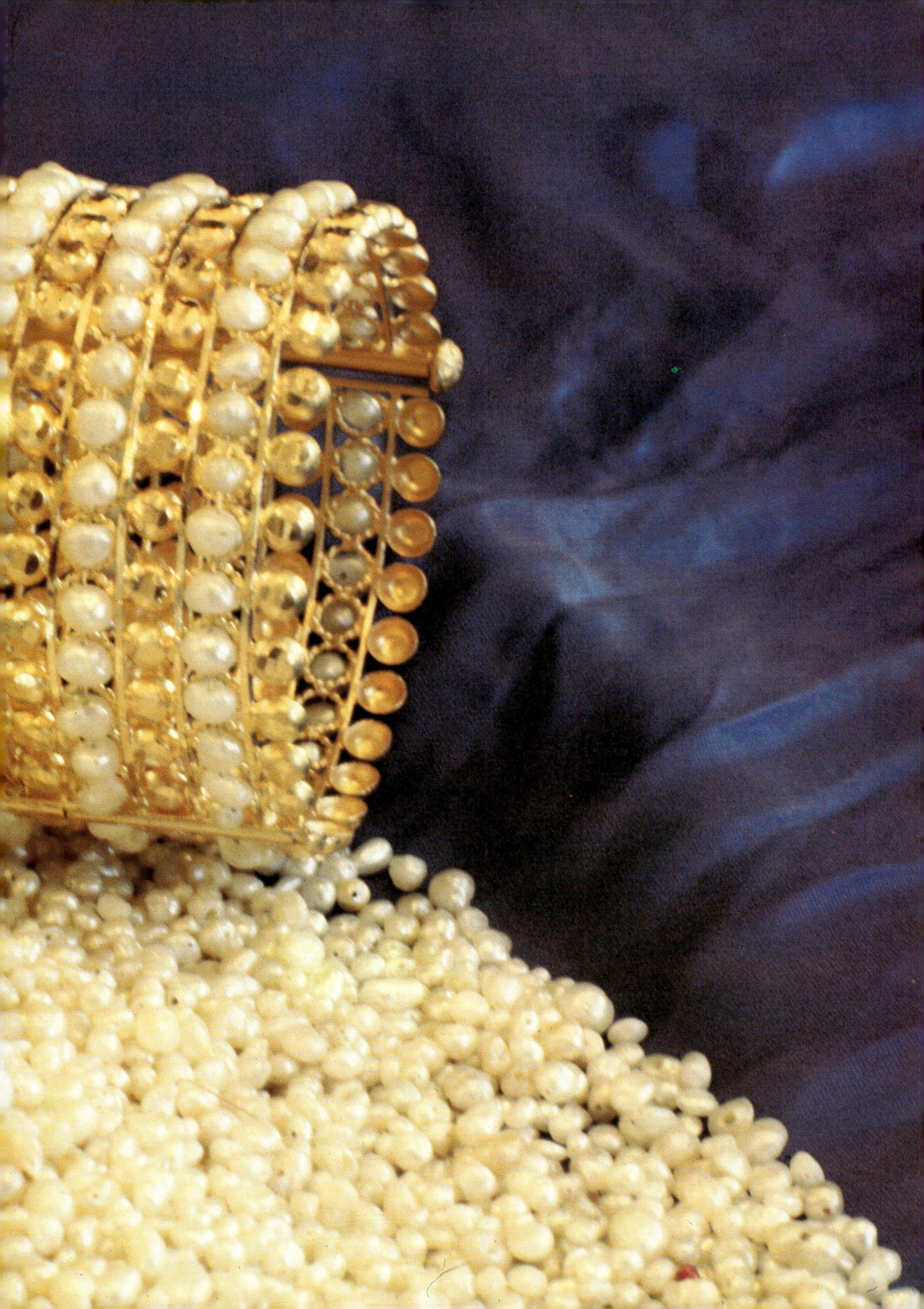

Natural pearls from the Arabian Gulf, once the only resource, today a valuable heritage.

Perles naturelles du Golfe Arabe, jadis le seul ressource, aujourd'hui un héritage précieux.

Naturperlen aus dem Arabischen Golf, einst die einzige Einnahmequelle, heute ein wertvolles Erbe.

اللؤلؤ الطبيعى . . . اصبح شيئا من التراث والذكريات بعد ان كان مصدرا رئيسيا للدخل في الكويت

In Doha Village the dhow builders use the same tools and methods as their forefathers centuries ago.

Au village de Doha, les armateurs des dhows utilisent encore les mêmes matières et méthodes connus par leurs ancêtres il-y-a déjà des siècles.

In Doha Village arbeiten die Schiffsbauer noch nach den gleichen Methoden und mit den gleichen Werkzeugen wie ihre Vorfahren vor Jahrhunderten.

صناعة السفن التقليدية :- مازال العاملون فيها يتمسكون بالطرق والآدوات التقليدية التي استخدمها آباؤهم منذ قرون مضت .

The commercial port of Shwaikh recieves more than 2,200 oceangoing vessels a year.

Le port commercial de Shwaikh reçoit plus de 2.200 vaissaux qui traversent les océans chaque année.

Mehr als 2 200 Seeschiffe laufen den Hafen von Shwaikh jedes Jahr an.

ظلال ومياه ذهبية : ميناء الشيوخ التجاري وقت الغروب . . .
يستقبل الميناء اكثر من ٢٢٠٠ سفينة في السنة .

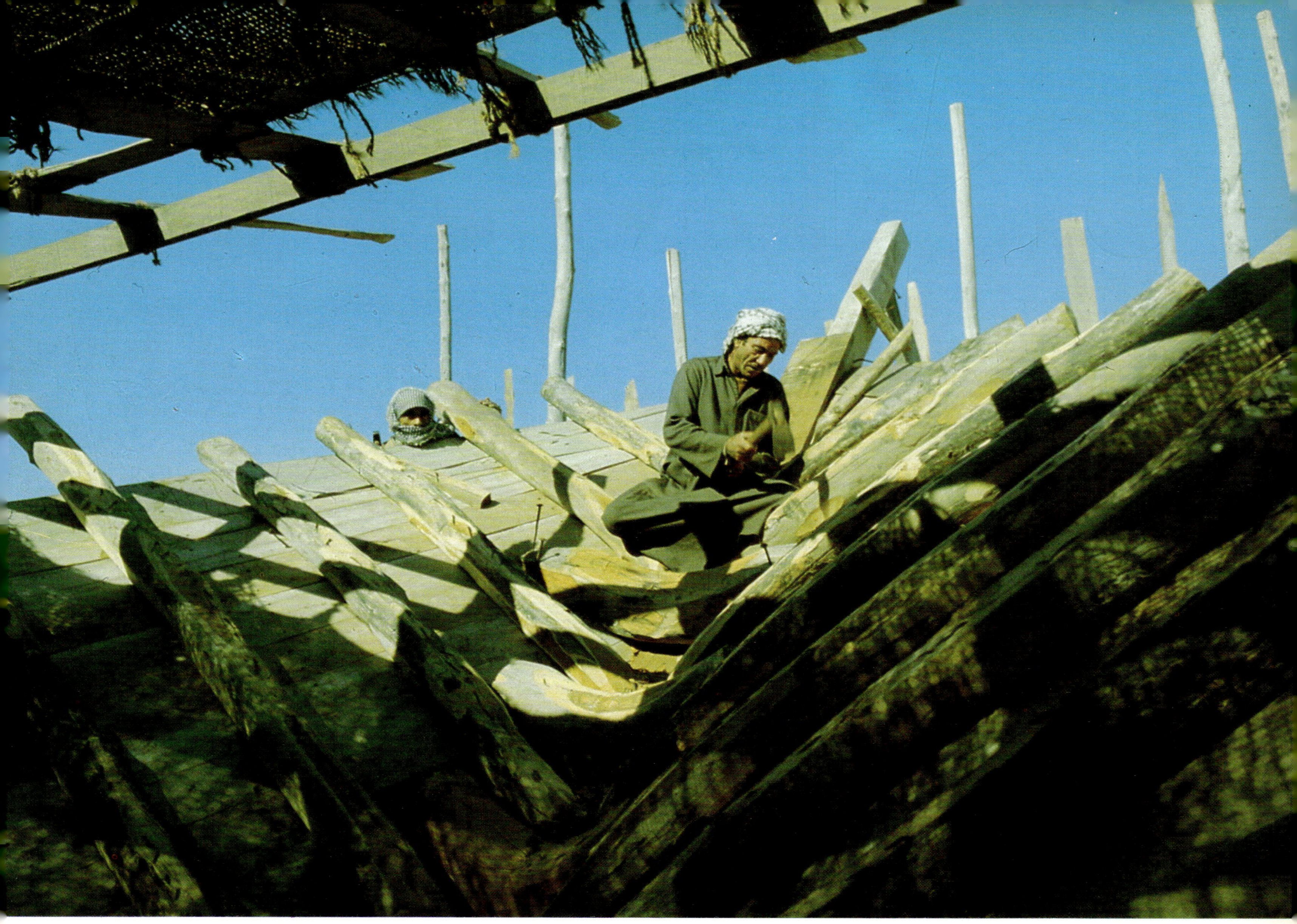

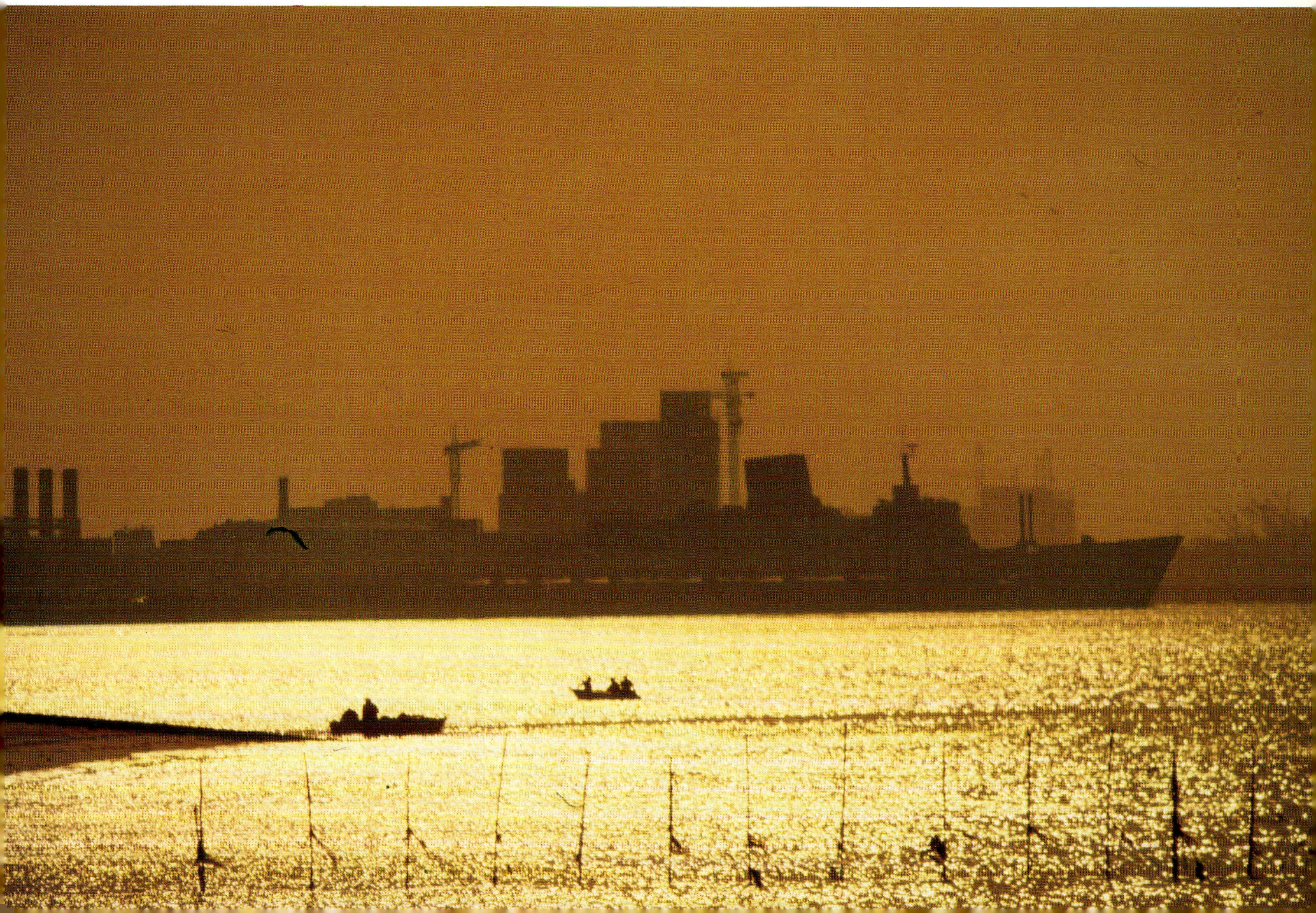

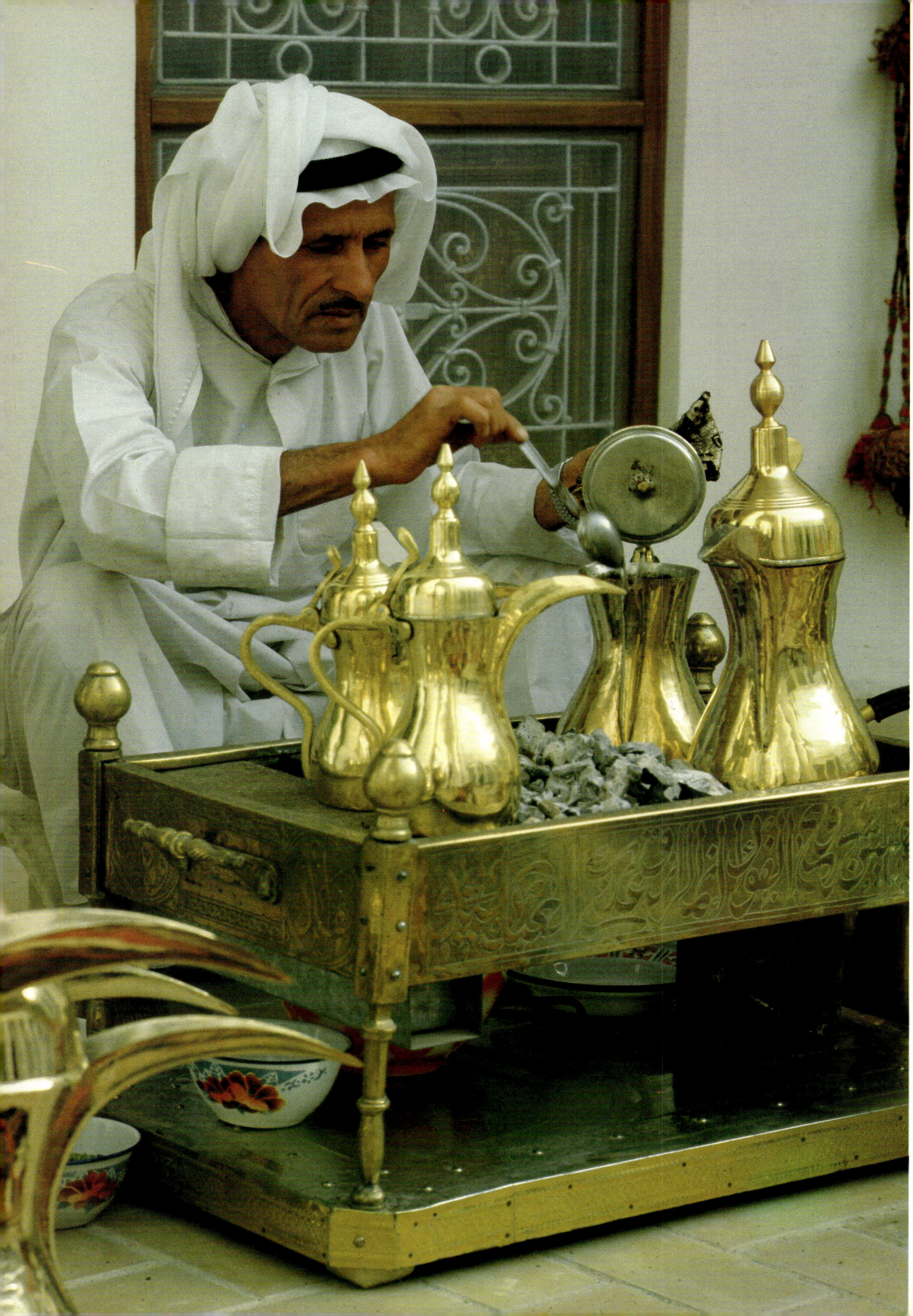

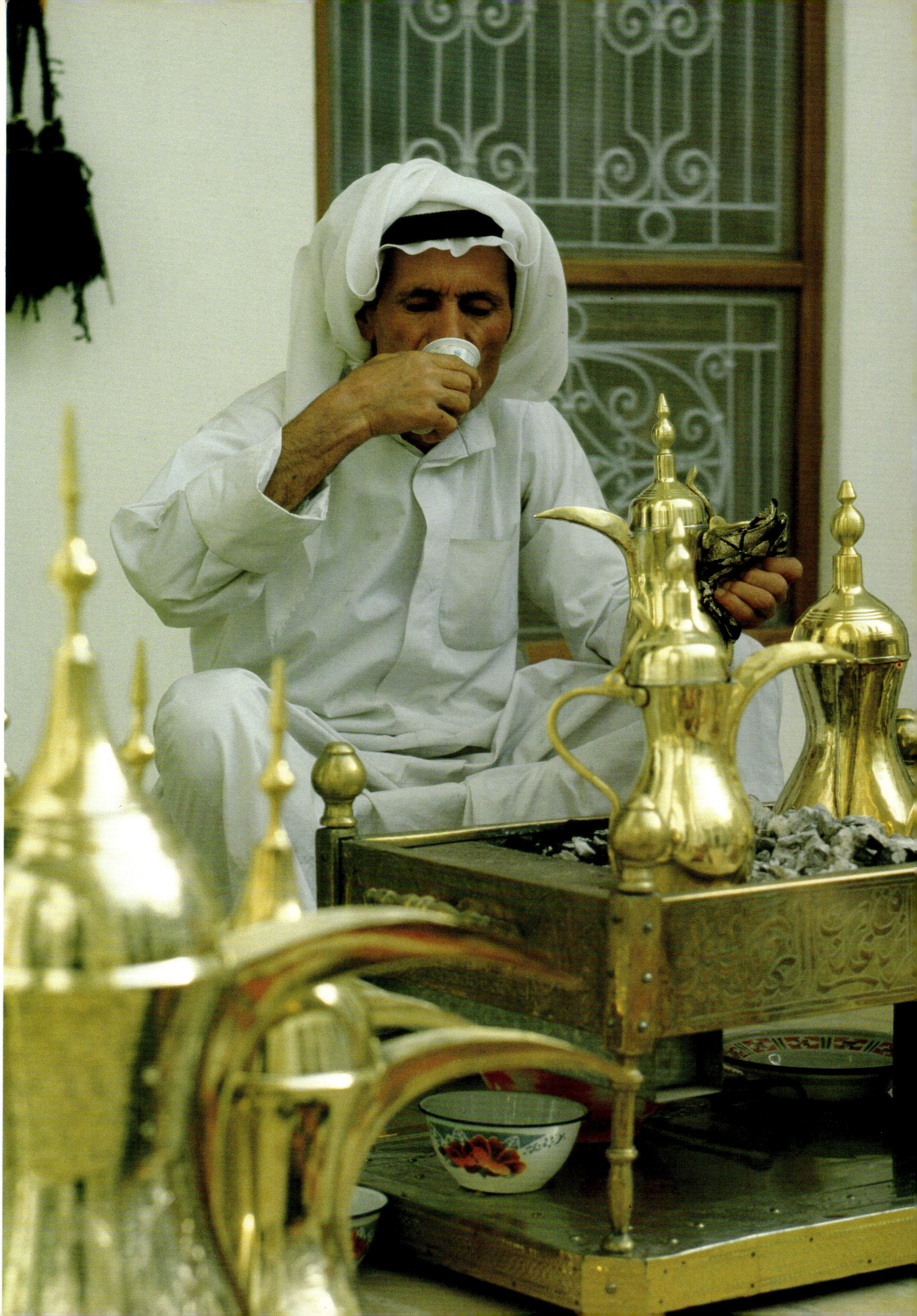

Arabian coffee: coarse ground coffee spiced with ground cardamom.

Le café arabe: du café rude moulé avec du cardamome.

Arabischer Kaffee: grob gemahlener Kaffee mit gemahlenem Kardamon gewürzt.

القهوة العربية شراب الصحراء . تصنع من القهوة المطحونة والهال . وتقدم بدون تحلية .

One of the many new mosques being built by the Ministry of Awqaf and Islamic Affairs.

Une des nombreuses nouvelles mosquées construites par le Ministère des Affaires Islamiques.

Eine der vielen neuen Moscheen, die vom Ministerium für religiöse Angelegenheiten gebaut werden.

احد المساجد الجديدة التي بنتها وزارة الاوقاف والشئون الاسلامية

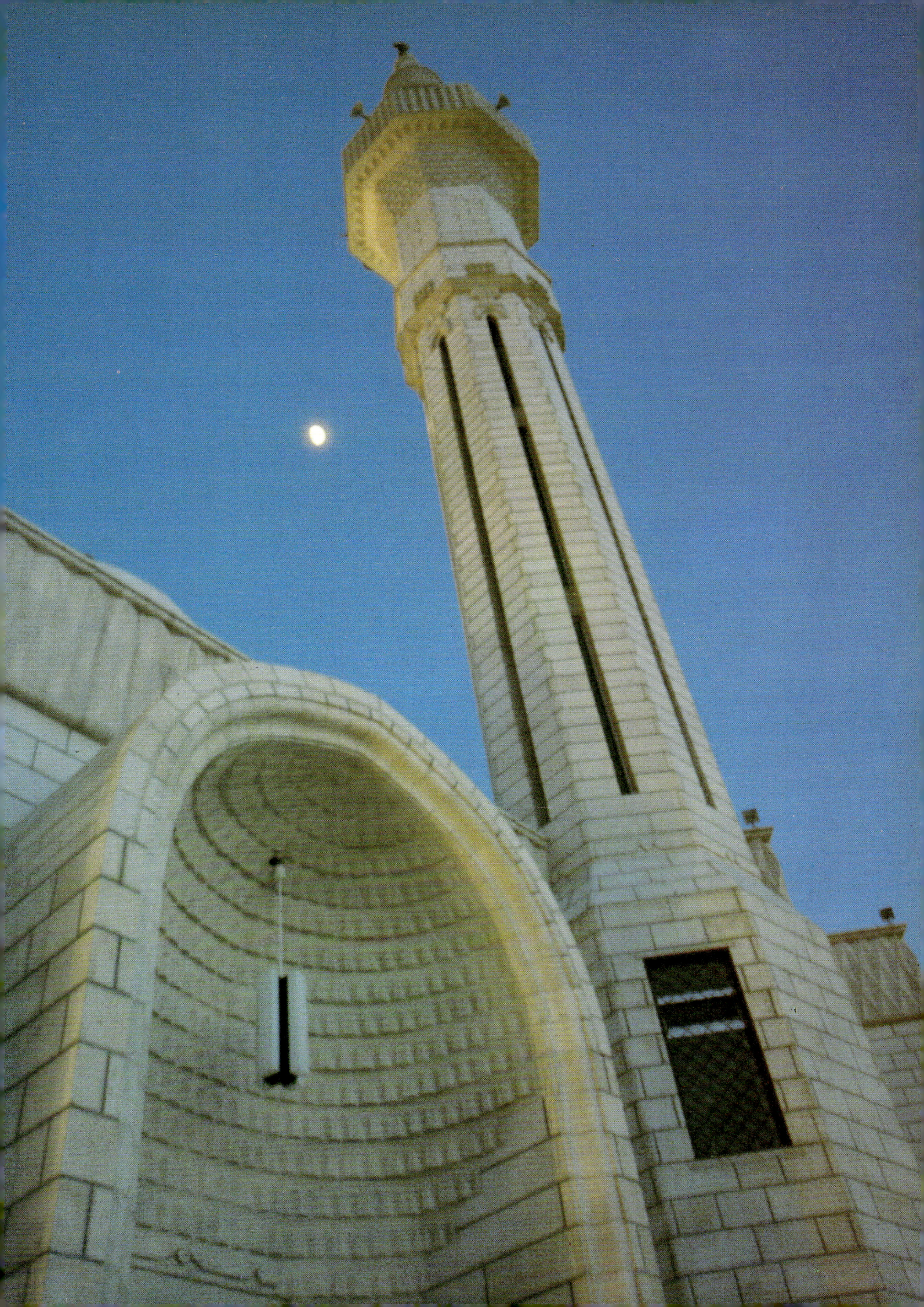

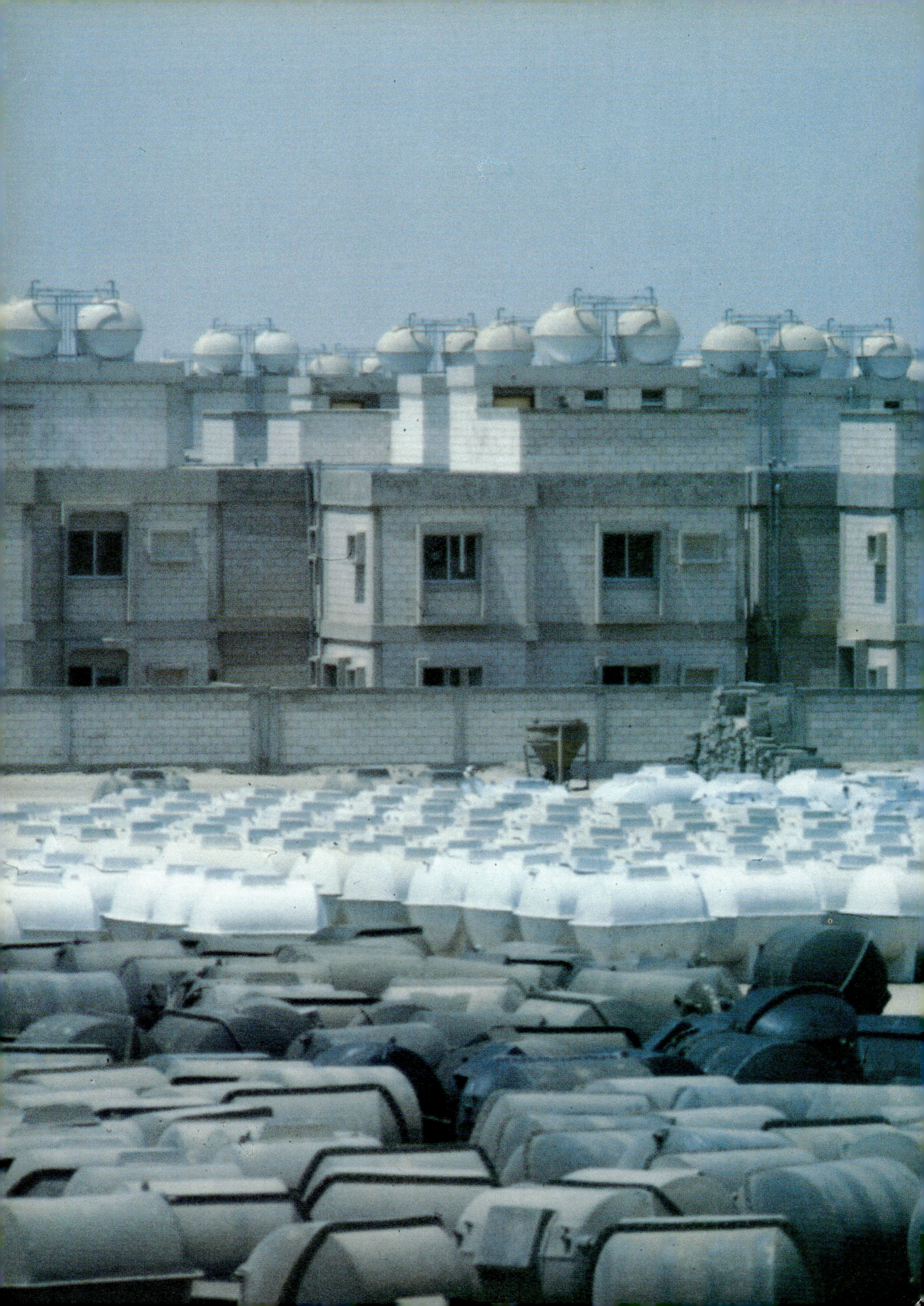

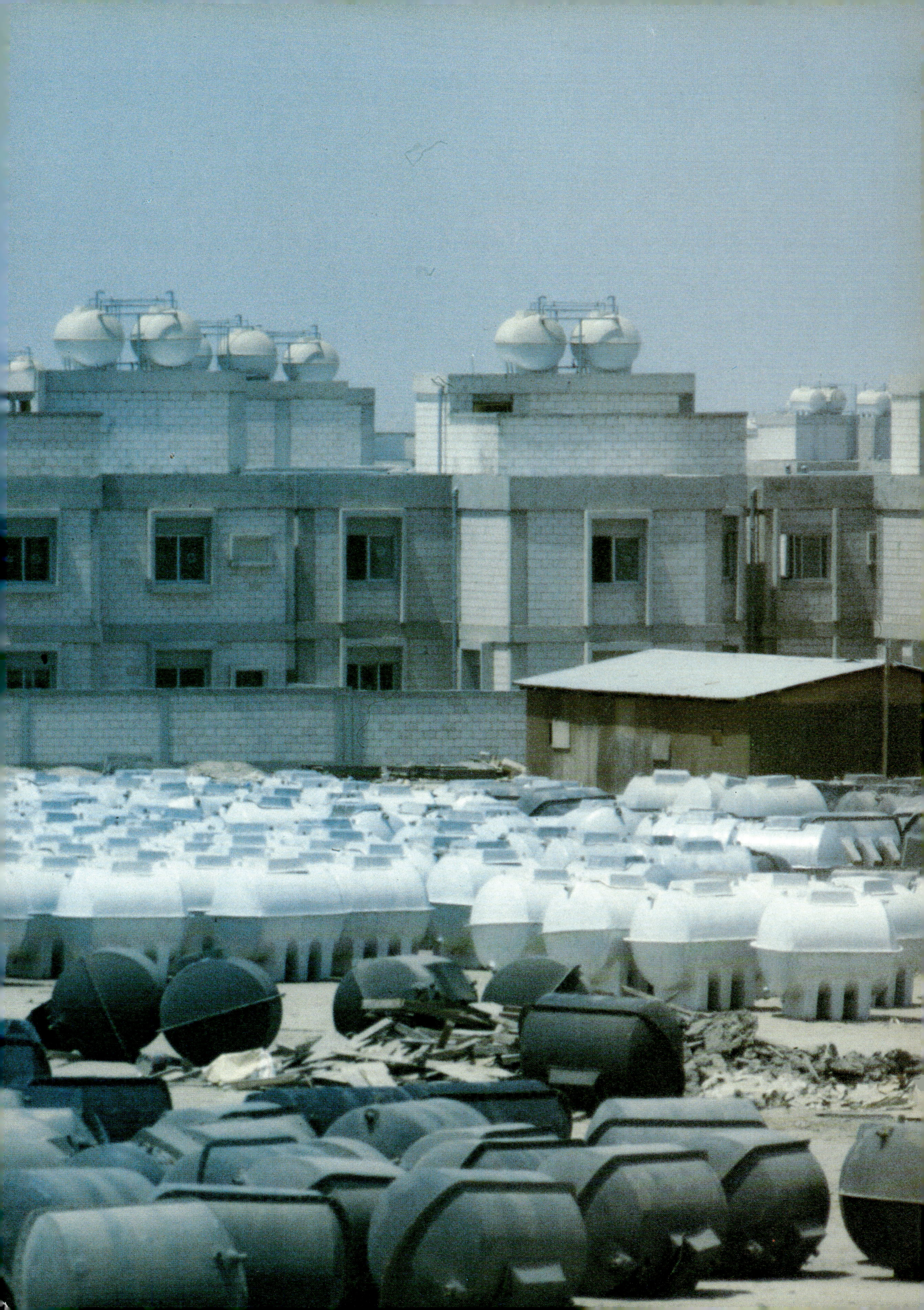

The National Housing Authority's current five year plan calls for the completion of 36,400 homes by 1986.

Le Plan Quinquenal du National Housing Authority consiste dans la livraison de 36.400 maisons en 1986.

Der laufende Fünfjahresplan sieht die Fertigstellung von 36 400 Wohnungen bis 1986 vor.

من المقرر أن يصل عدد البيوت التي ستوزعها المؤسسة العامة للاسكان الـ ٣٦٤٠٠ بيتا بحلول عام ١٩٨٦ وذلك طبقا للخطة الخمسية .

The remains of a Greek temple dating from around 300 BC in Failaka Island, known to Alexander the Great as Ikarus.

Les ruines d'un temple grecque datant d'envers l'an 300 a. J.C. à l'Ile Failaka, connue à l'époque d'Alexandre le Grand par le nom de Ikarus.

Die Überreste eines griechischen Tempels aus der Zeit um 300 v.Chr. auf der Insel Failaka. Alexander der Grosse kannte die Insel unter dem Namen «Ikarus».

آثار يونانية يعود تاريخها الى ٣٠٠ سنة قبل الميلاد . تم اكتشافها في جزيرة فيلكا التي كانت تدعى ايكاروس في عهد الاسكندر المقدوني .

A pure-bred arab stallion. Horses were very much part of desert life.

Un cheval de pure race arabe. Les chevaux furent une partie intégrante de la vie au désert.

Ein reinrassiger arabischer Hengst. Pferde sind aus dem Leben in der Wüste nicht wegzudenken.

حصان عربي أصيل . . .
تعتبر الخيول جزءا من الحياة في الصحراء

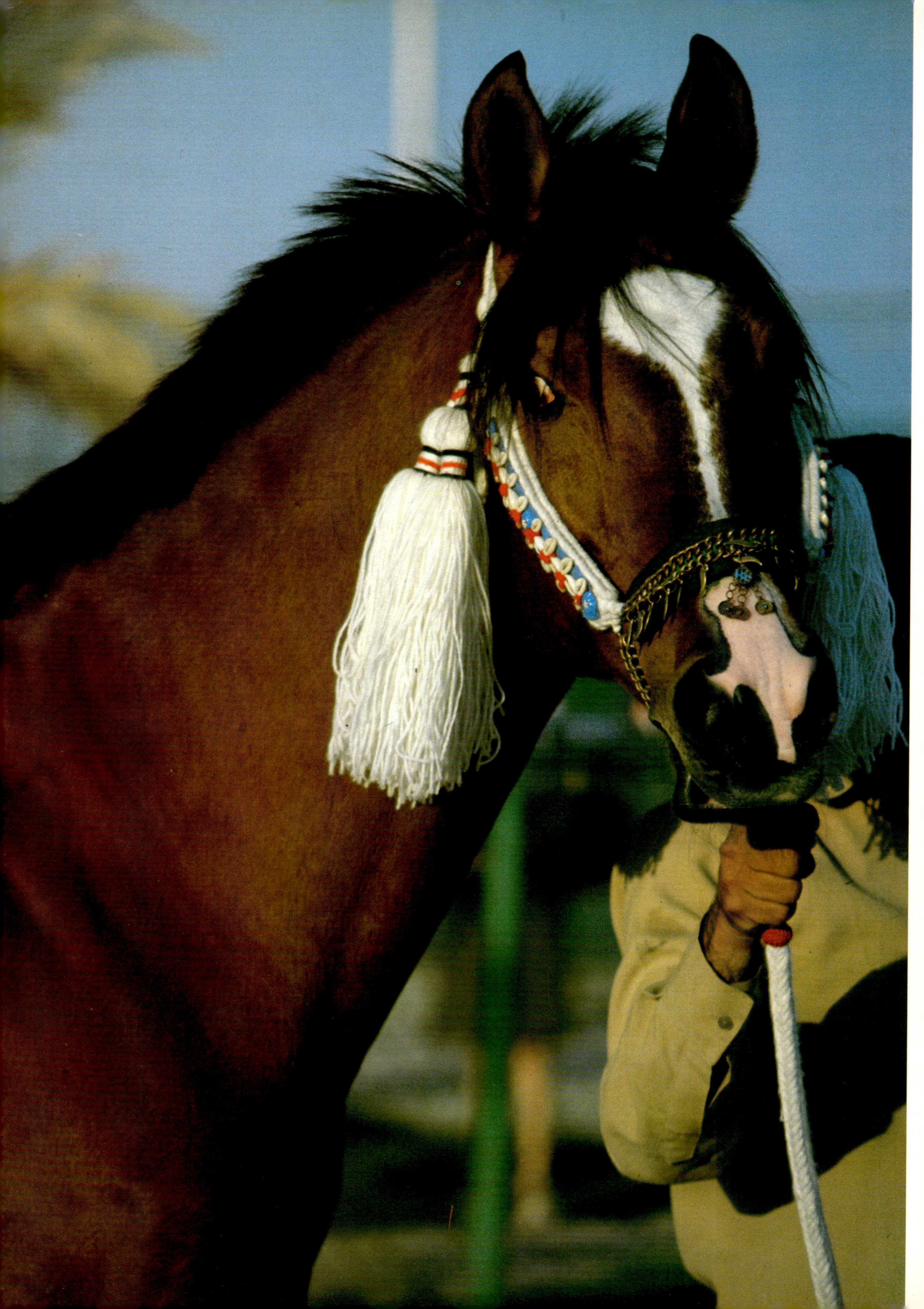

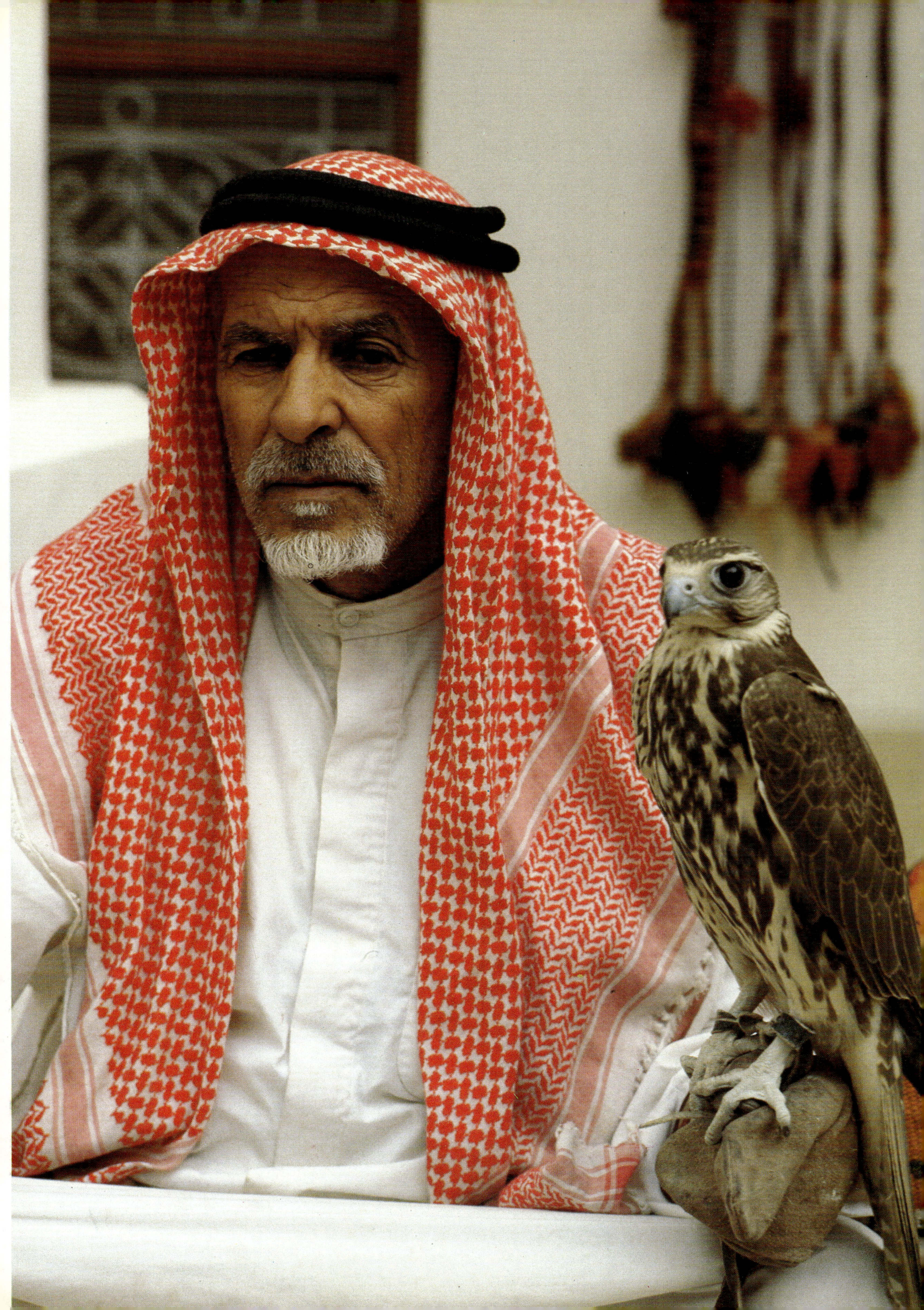

← Falconry, the sport of kings, is an ancient skill practiced by Kuwaitis.

La chasse aux faucons, ou le sport des rois, est une habileté pratiquée par les Koweitiens.

Die Jagd mit dem Falken, ein Sport der Könige. Eine alte Kunst, auf die sich die Kuwaitis verstehen.

الصيد بالصقور . . . رياضة الملوك . . . احدى المهارات القديمة التي يمارسها الكويتيون .

The wasteful flaring of exceeding natural gas has now been greately reduced with the construction of LPG plants.

Le gaspillage de l'excès de gaz a été effectivement réduit grâce à la construction des stations de liquéfaction LPG.

Naturgasfackeln. Man sieht sie seltener, seit mehrere Gasverflüssigungsanlagen ihren Betrieb aufgenommen haben.

تكاد شعل النار الناتج عن حرق الغاز المصاحب للنفط تختفي من سماء الكويت بفضل مصنع اسالة الغاز الضخم الذي اقيم عام ١٩٧٩ لاستغلال الغاز بدلا من هدره بالحرق .

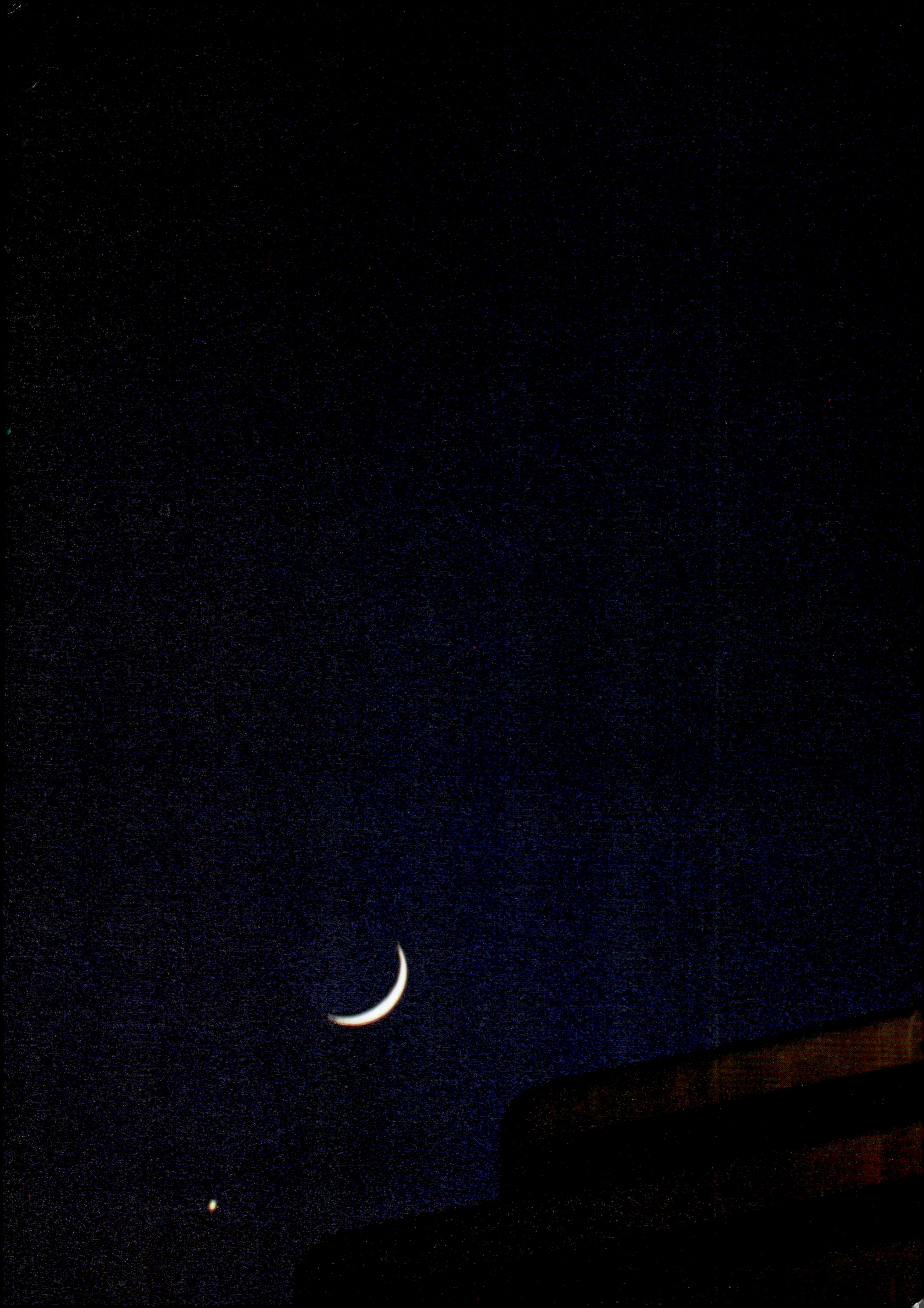

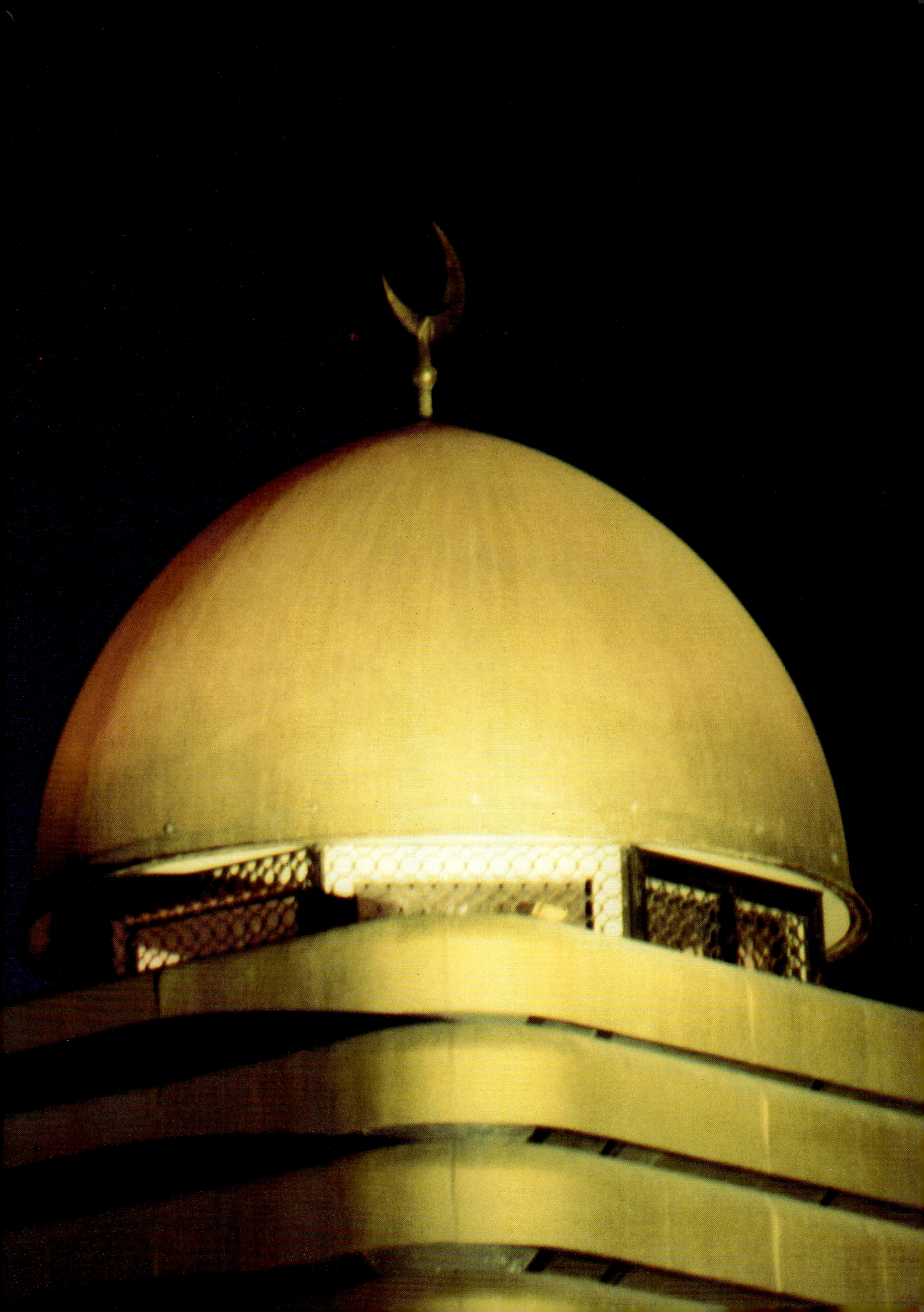

← «There is no God but Allah and Mohammed is the Messenger of Allah.»

«Il n'y a pas de Dieu sauf Allah, et Mohammed est le Messager d'Allah.»

«Es gibt keinen Gott ausser Allah und Mohamed ist sein Prophet.»

لا اله الا الله محمدا رسول الله

Free health services are the right of every resident of Kuwait.

Chaque résident au Koweit a droit à des services sanitaires gratuits.

Freie medizinische Versorgung für jeden Einwohner Kuwaits.

التمتع بالخدمات الصحية المجانية حق من حقوق كل مواطن في الكويت

| الأطفال | Pediatrics | ↑ | القاعات | Elevators | ↑ | | Maternity |

A day at the races. Even without the bets, the crowd find it an all-absorbing sport.

Un jour aux courses. Même sans paris, les masses les trouvent un sport ardent de désir et d'enthousiasme.

Auf der Pferderennbahn. Auch ohne Wetten erfährt die Veranstaltung stets höchste Aufmerksamkeit.

سباق الخيل . . . يستقطب الكثير من الهواة رغم ان الرهان ممنوع فيه

Kuwait's ice hockey team in action, playing on their olympic sized skating rink.

L'équipe koweitien de hockey en pleine action sur leur piste de dimensions olympiques.

Kuwaits Eishockey Mannschaft in Aktion auf ihrer olympischen Eisbahn.

فريق الكويت للهوكي يلعب على حلقة التزلج ذات المواصفات الاولمبية

Camel jockeys from the Gulf area gather to compete in Kuwait.

Des jockeys à chameau, venant de tous les pays du Golfe, se réunissent au Koweit avant une compétition.

Kamelreiter aus allen Golfstaaten treffen sich in Kuwait zu traditionellen Wettbewerben.

سباق الجمال في دول الخليج .

One of the most advanced water desalination and power plants in the world.

Une des stations de dessalement d'eau et d'énergie électrique les plus avancées dans le monde entier.

Einer der modernsten Meerwasserentsalzungs- und Kraftwerkskomplexe der Welt.

محطة الدوحة الغربية : الحديثة في الكويت احدى اكبر وحدات محطات تقطير المياه وتوليد الكهرباء في العالم .

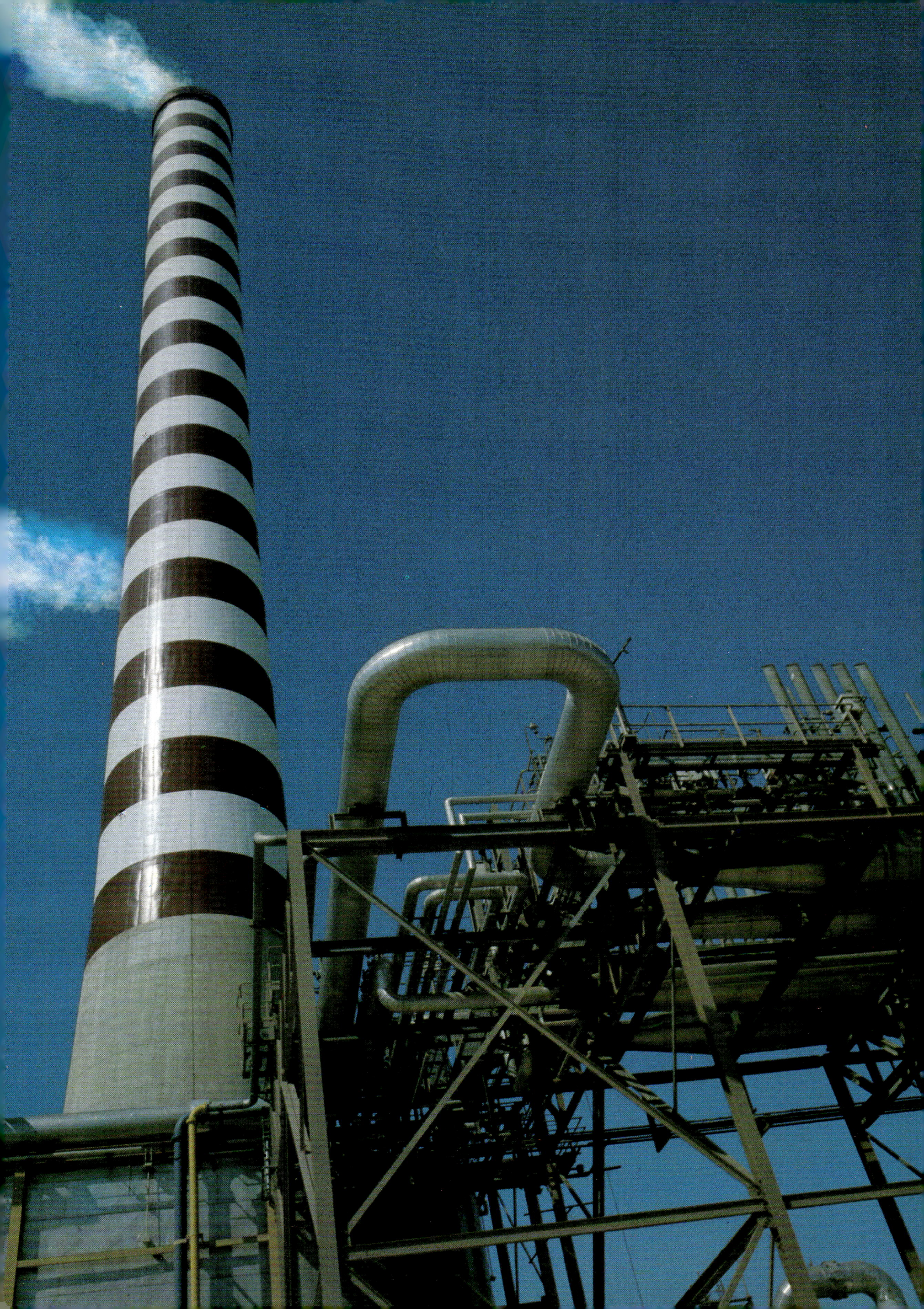

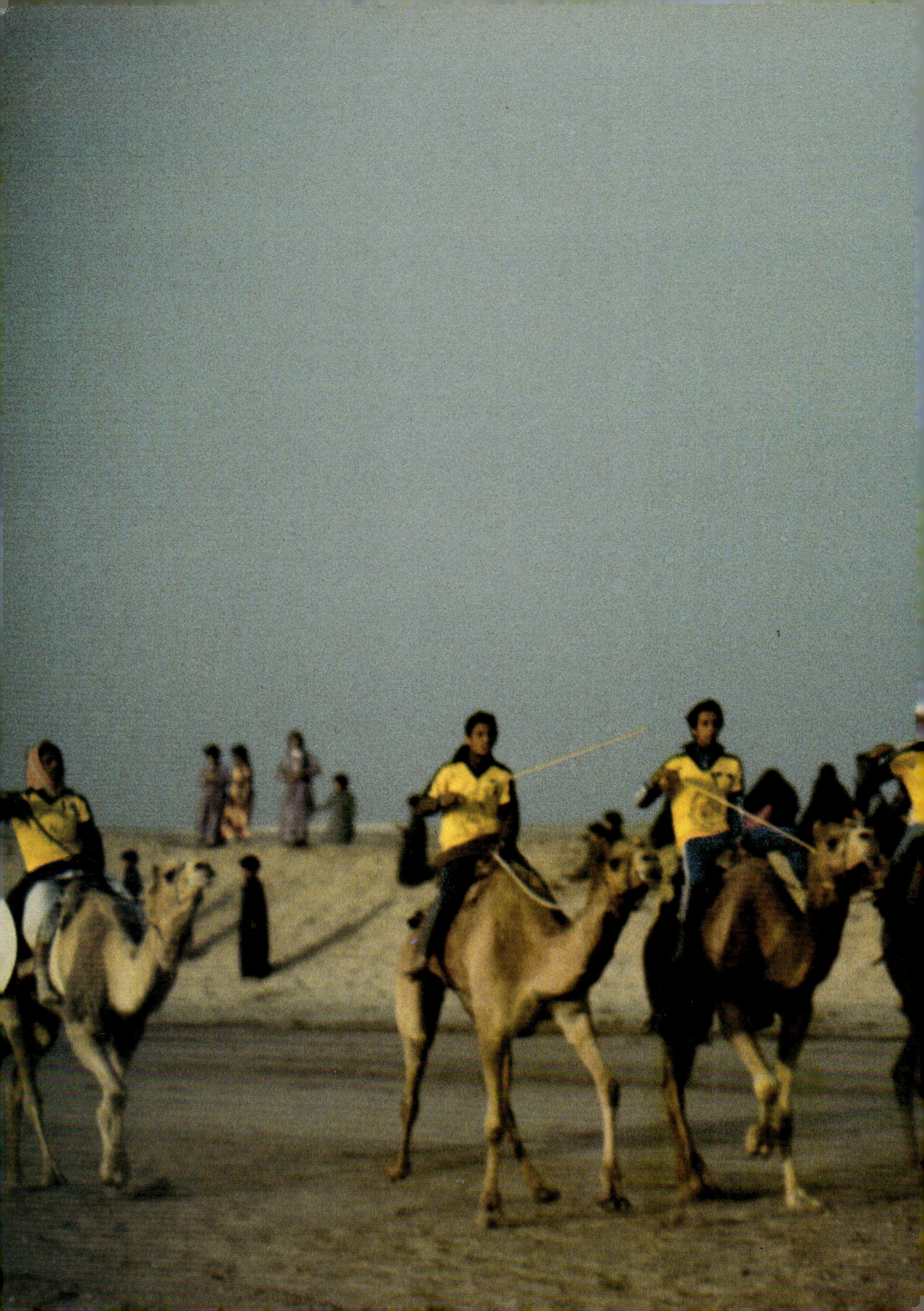

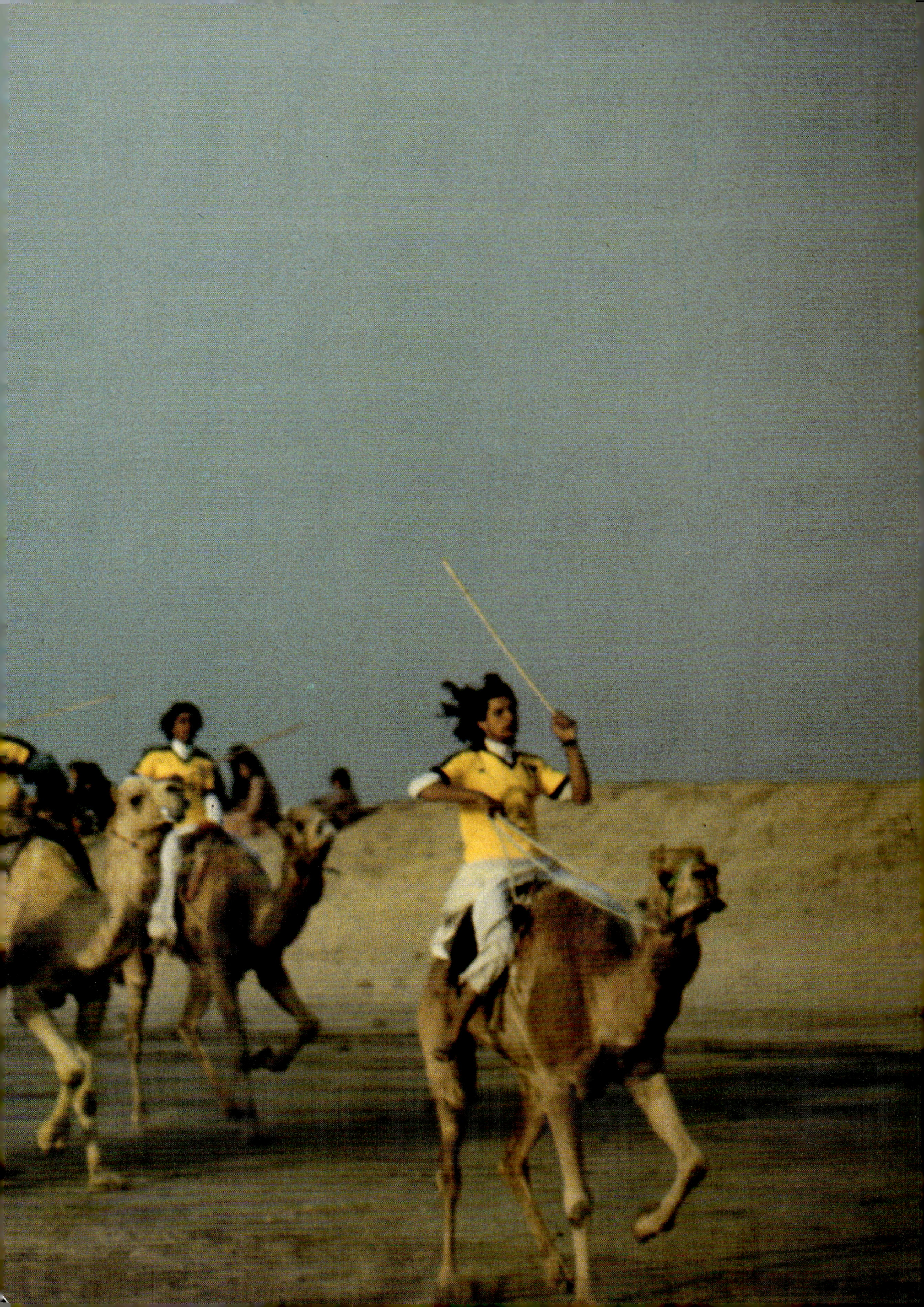

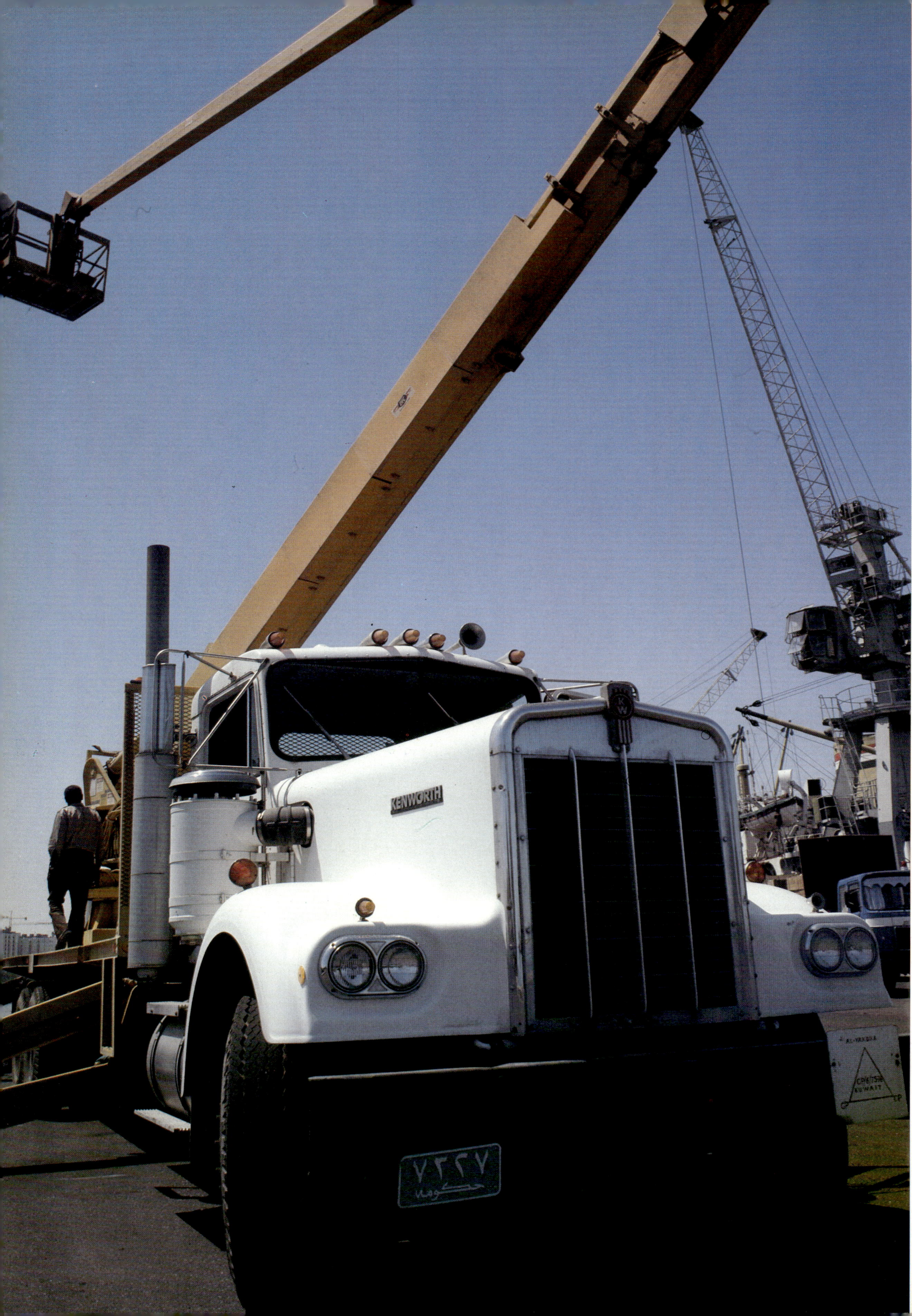
KENWORTH
٧٣٢٧

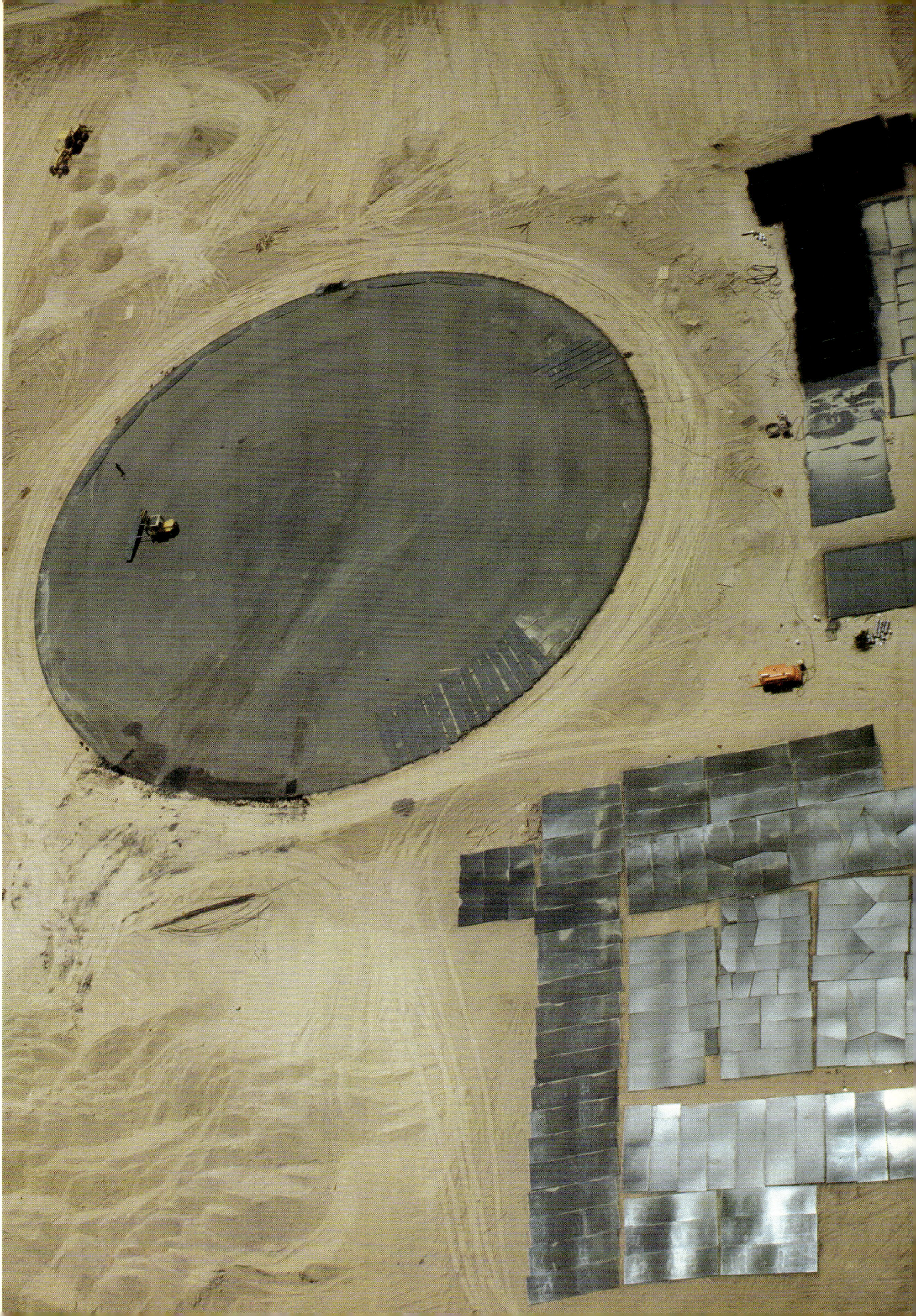

← One of the main shares of Kuwait's annual budget goes to public works.

Une bonne part du budget annuel de Koweit est destinée aux travaux publiques.

Ein wesentlicher Teil des jährlichen Haushalts fliesst in öffentliche Arbeiten.

يخصص جزء كبير من ميزانية الدولة للاشغال العامة

← Building an oil storage tank. The country's oil industry is wholly owned and operated by the Government.

La construction d'un réservoir de pétrole. L'industrie pétrolière du pays appartient au complet au Gouvernement, qui est le seul responsable de ses opérations.

Bau eines Öllagertanks. Die Ölindustrie ist verstaatlicht.

أحد صهاريج النفط اثناء تشييده : تدير الدولة وتمتلك صناعة النفط

A bedouin tent, hand woven from the wool of sheep and goats. The camel's saddle is a traditional bedouin handicraft called «Sadu».

Une tente bédouine, tissue à la main avec la laine des moutons et les poiles des chèvres. Les selles des chameaux sont produit d'un art traditionnel bédouin qui s'appelle «Sadou».

Ein Beduinenzelt, handgewebt aus Schaafs- und Ziegenwolle. Der «Sadu» ist ein nach alter Tradition handgearbeiteter Kamelsattel.

خيمة بدوية منسوجة من صوف الغنم واحدى الصناعات اليدوية عند البدو (السدو) او سرج الجمل .

A kindergarten. Education: high priority.
Un jardin d'enfants. L'Education: la plus importante priorité.
Ein Kindergarten. Erziehung geniesst höchste Priorität.

روضة اطفال : للتعليم الاولوية بين الخدمات في الكويت .

There are 10,000 students at Kuwait University.

10.000 étudiants sont inscrits à l'Université de Koweit.

10 000 Studenten studieren an Kuwaits Universität.

تشكل الطالبات اكثر من نصف عدد طلاب الجامعة الذين يصل عددهم الى عشرة الاف طالب .

In the foreground, the Telecommunications Center and Municipality building. In the background, the Touristic Towers.

Le Centre de Télécomunications et l'immeuble de la Municipalité. Au fond, les Tours Touristiques.

Im Vordergrund die Fernsprechzentrale und das Rathaus. Im Hintergrund die «Kuwait Towers».

مشهد لمدينة الكويت بحيث يظهر في المقدمة مبنى الاتصالات اللاسلكية وبلدية الكويت وتظهر في الخلف ابراج الكويت السياحيه .

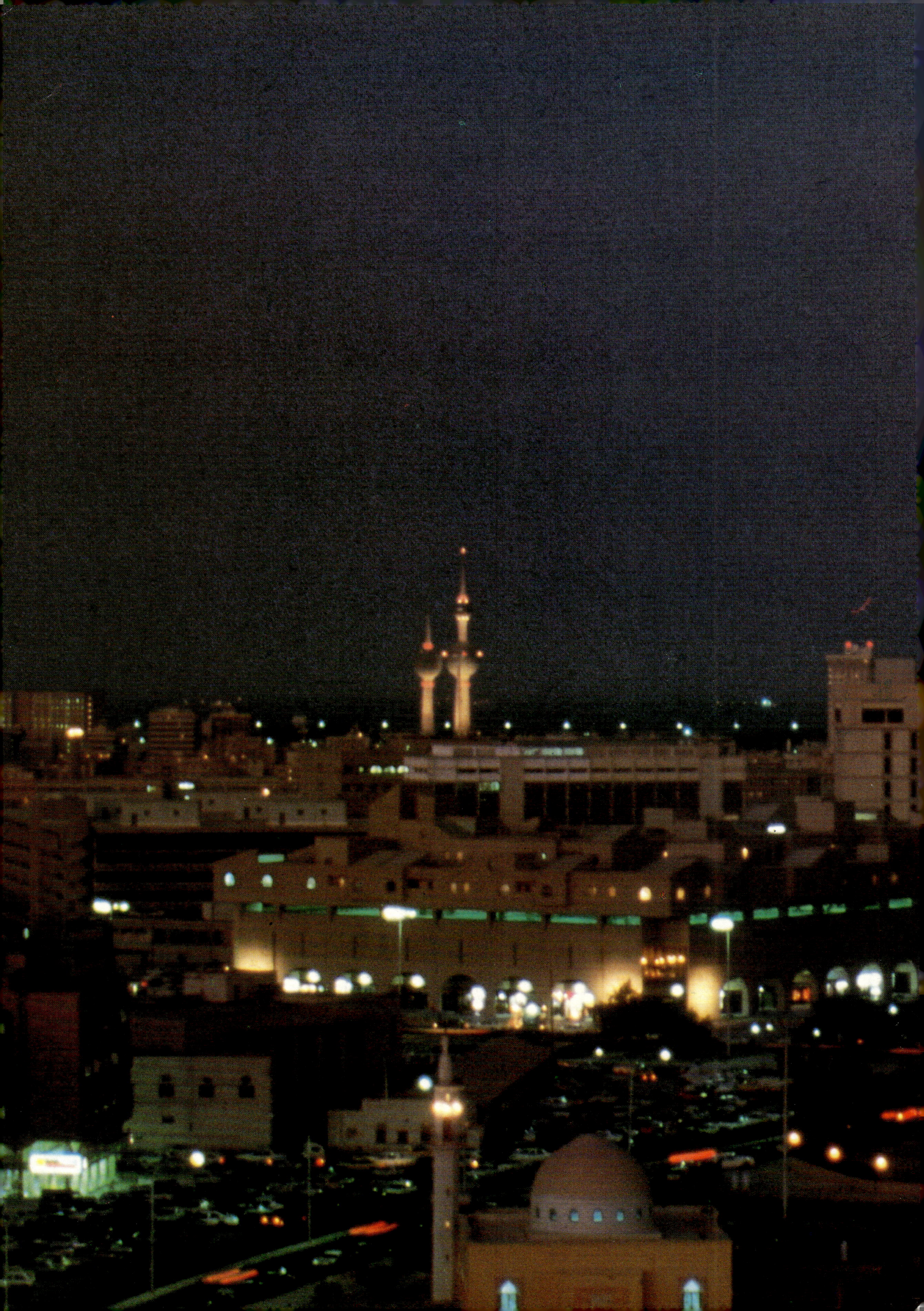

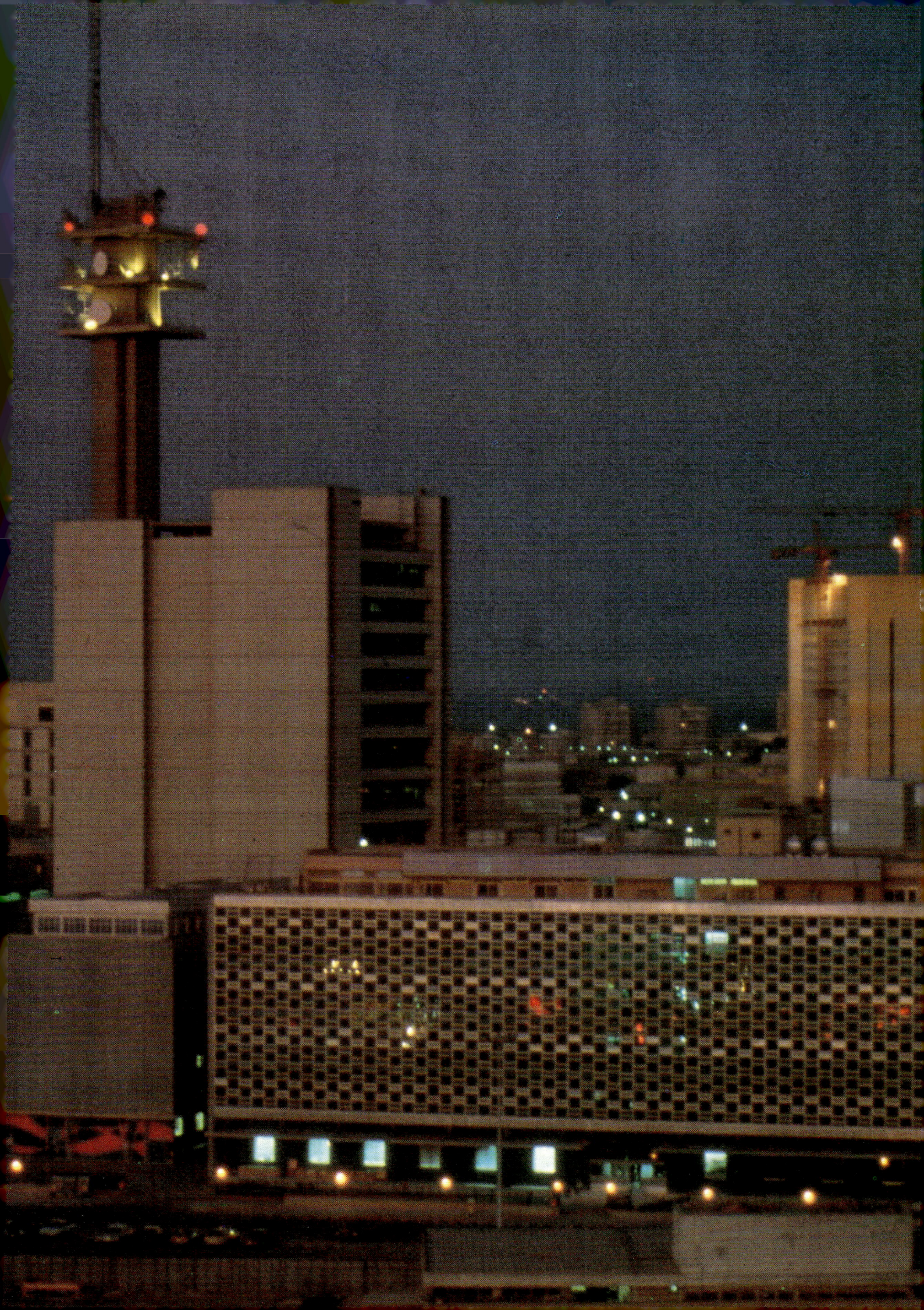

An oil loading terminal. Tankers are loaded at a speed of 10,000 tons of crude oil an hour.

Une terminale de chargement de pétrole. Les pétroliers sont remplis à une vitesse de 10.000 tons de pétrole brut à l'heure.

Ein Ölverladeterminal. 10 000 Tonnen Öl können pro Stunde in die Tanker gepumpt werden.

احدى محطات تحميل النفط الخام . . . حيث تتم عملية التحميل بقدرة عشرة الاف طن من النفط الخام بالساعة .

A sun ray collector at the Solar Energy project in Kuwait Institute for Scientific Research.

Un système collecteur de rayons de soleil dans un projet d'Energie Solaire du Kuwait Institute for Scientific Research.

Ein Sonnenkollektor, der im Rahmen des Sonnenenergieprojekts des wissenschaftlichen Forschungsinstituts (Kuwait Institute for Scientific Research) aufgestellt wurde.

مكثف اشعة الشمس في مشروع الطاقة الشمسية في معهد الكويت للابحاث العلميه

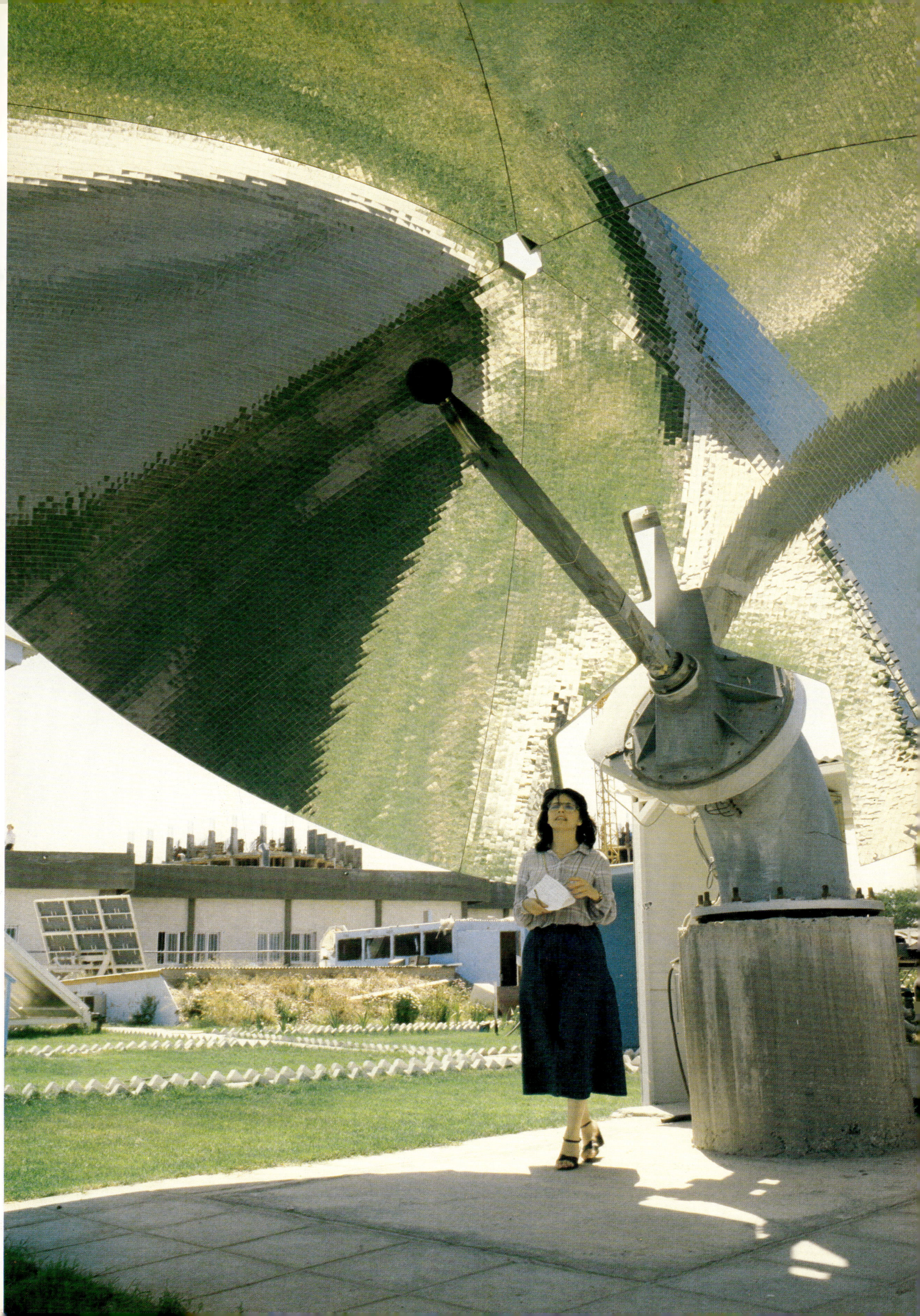

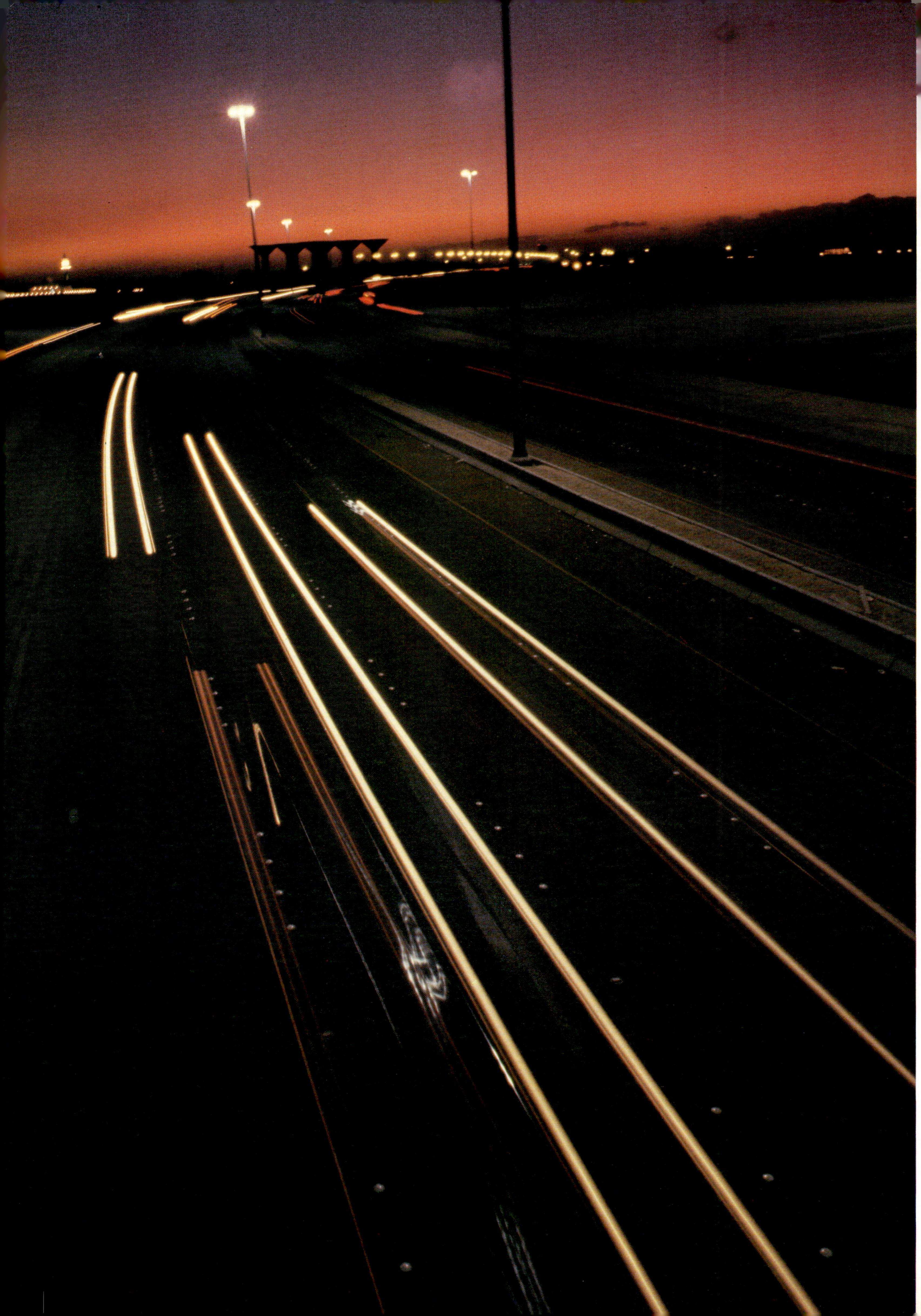

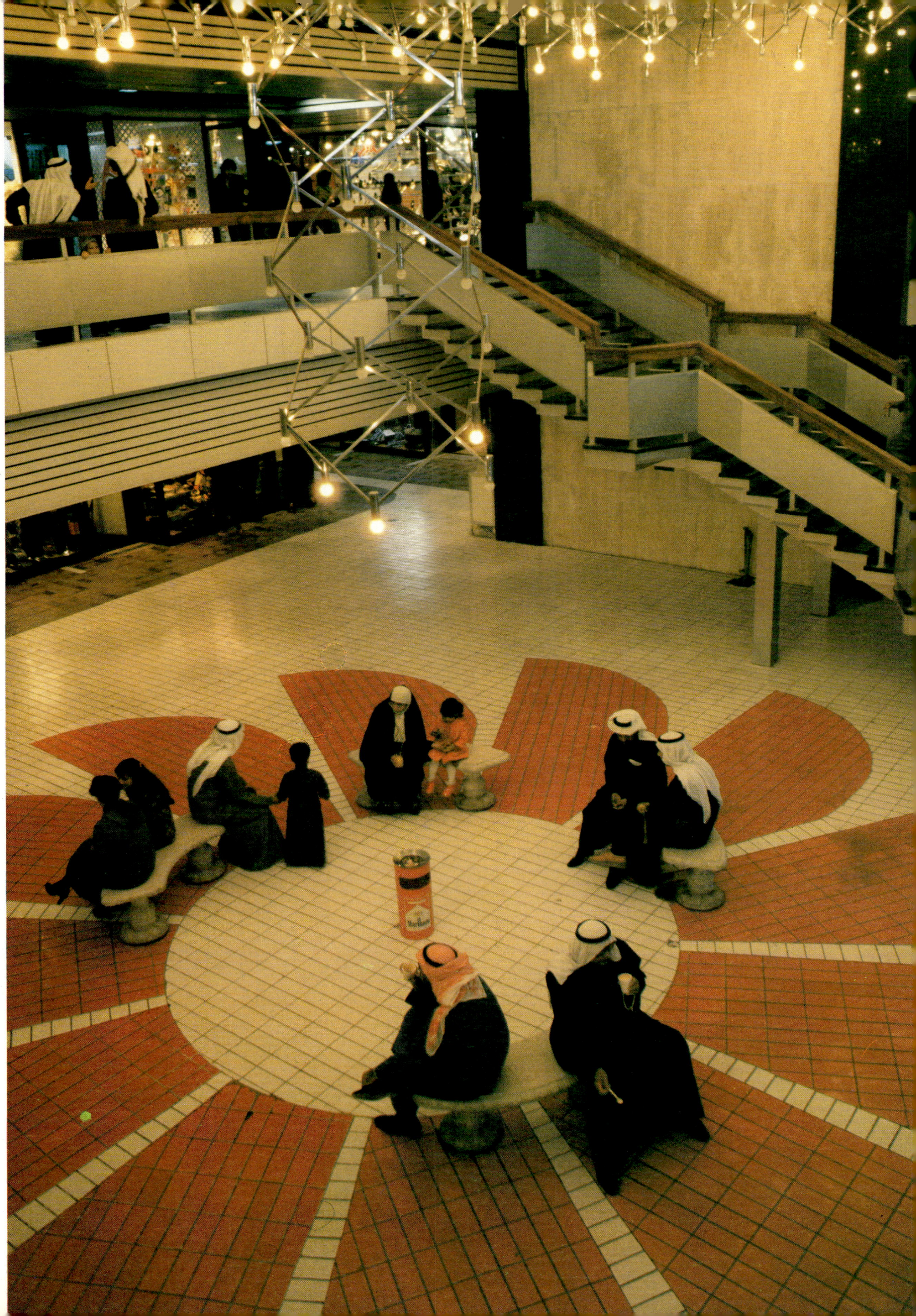

←
More than 600,000 licensed vehicles use Kuwait network of highways.

Plus de 600.000 véhicules sous licenses utilisent le réseau routier de Koweit.

Mehr als 600 000 zugelassene Kraftfahrzeuge fahren auf Kuwaits Strassen.

تعتبر الطرق في الكويت من أفضلها في الشرق الاوسط وتضج بالسيارات التي يزيد عددها في الكويت عن ٦٠٠ الف سيارة .

←
Shoppers relax in one of the modern commercial centres.

Les acheteurs pendant un moment de répos dans un des centres commerciaux modernes au Koweit.

Eines der modernen Einkaufszentren Kuwaits.

احد المراكز التجارية الحديثة .

A session of Parliament. Democracy is a deep rooted tradition in the nation.

Une session du Parlement. La Démocratie est une tradition très ancienne dans l'Histoire du pays.

Eine Parlamentssitzung. Die Demokratie ist in der Tradition des Landes tief verwurzelt.

احدى جلسات مجلس الامة . . . التجربة الديمقراطية ليست جديدة على المجتمع الكويتي .

«Those who are close to God do not disdain His adoration.
They praise Him and kneel down», says the Holy Koran.

«Ceux qui se rattachent à Dieu ne dédaignent point Son
adoration. Ils Lui louent et ils se soumettent
à genoux», dit le Sacré Coran.

«Die, die Gott nahe sind, werden nicht müde in ihrer
Verehrung. Sie knien nieder und preisen Ihn»; Koran.

« ان الذين عند ربك لايستكبرون عن عبادته ويسبحون وله يسجدون »
صدق الله العظيم- سورة الأعراف .

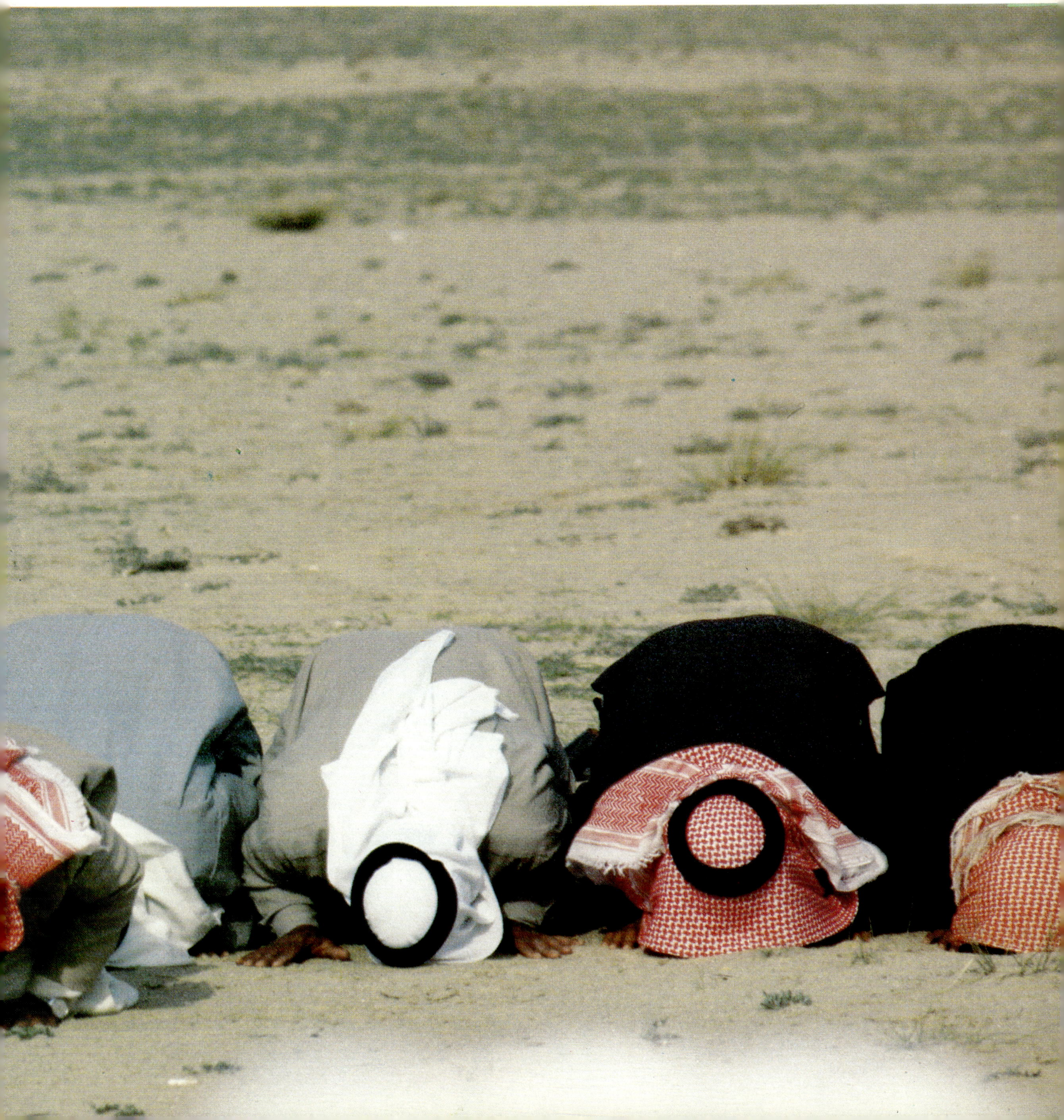

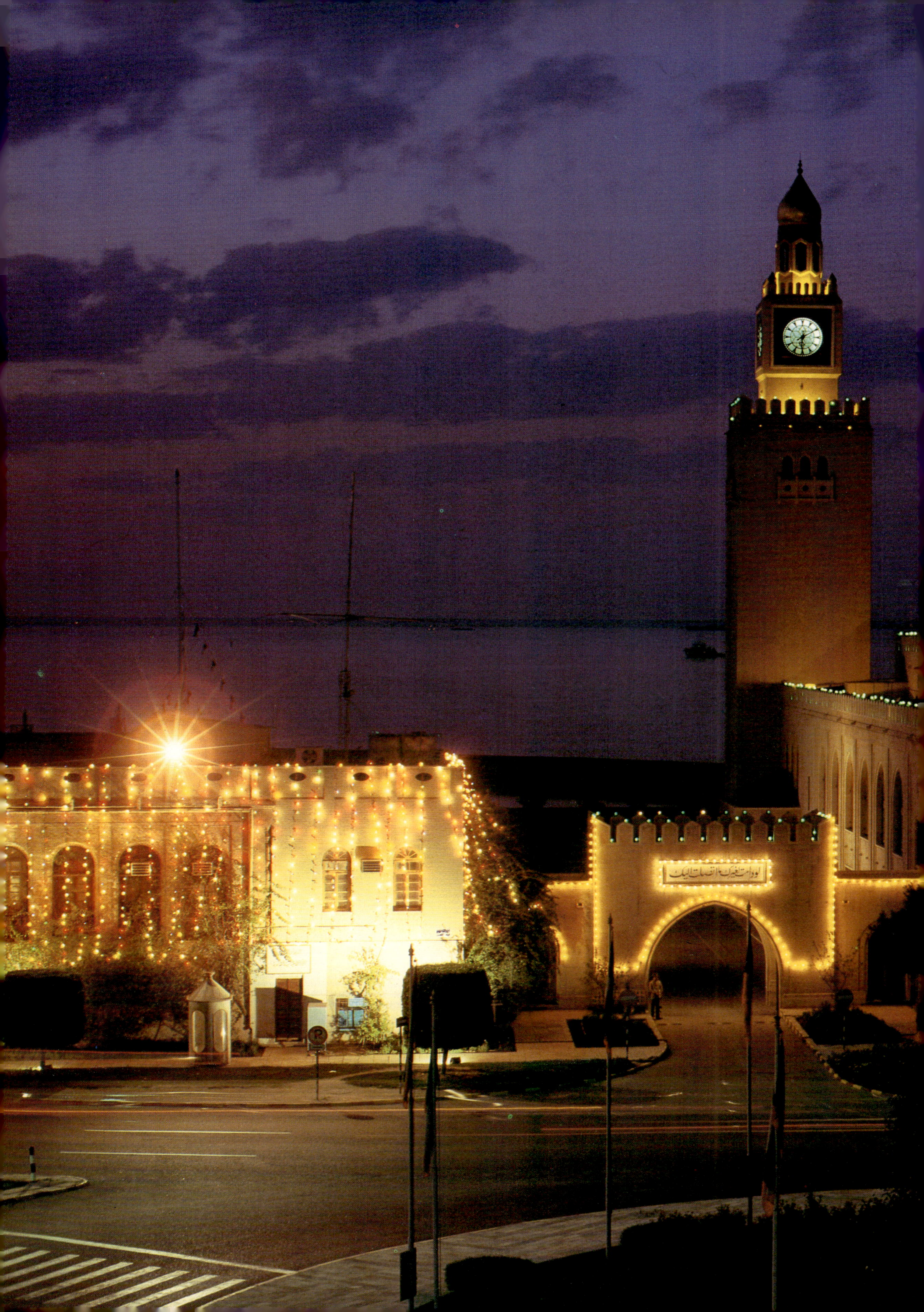
لو دامت لغيرك ما اتصلت اليك

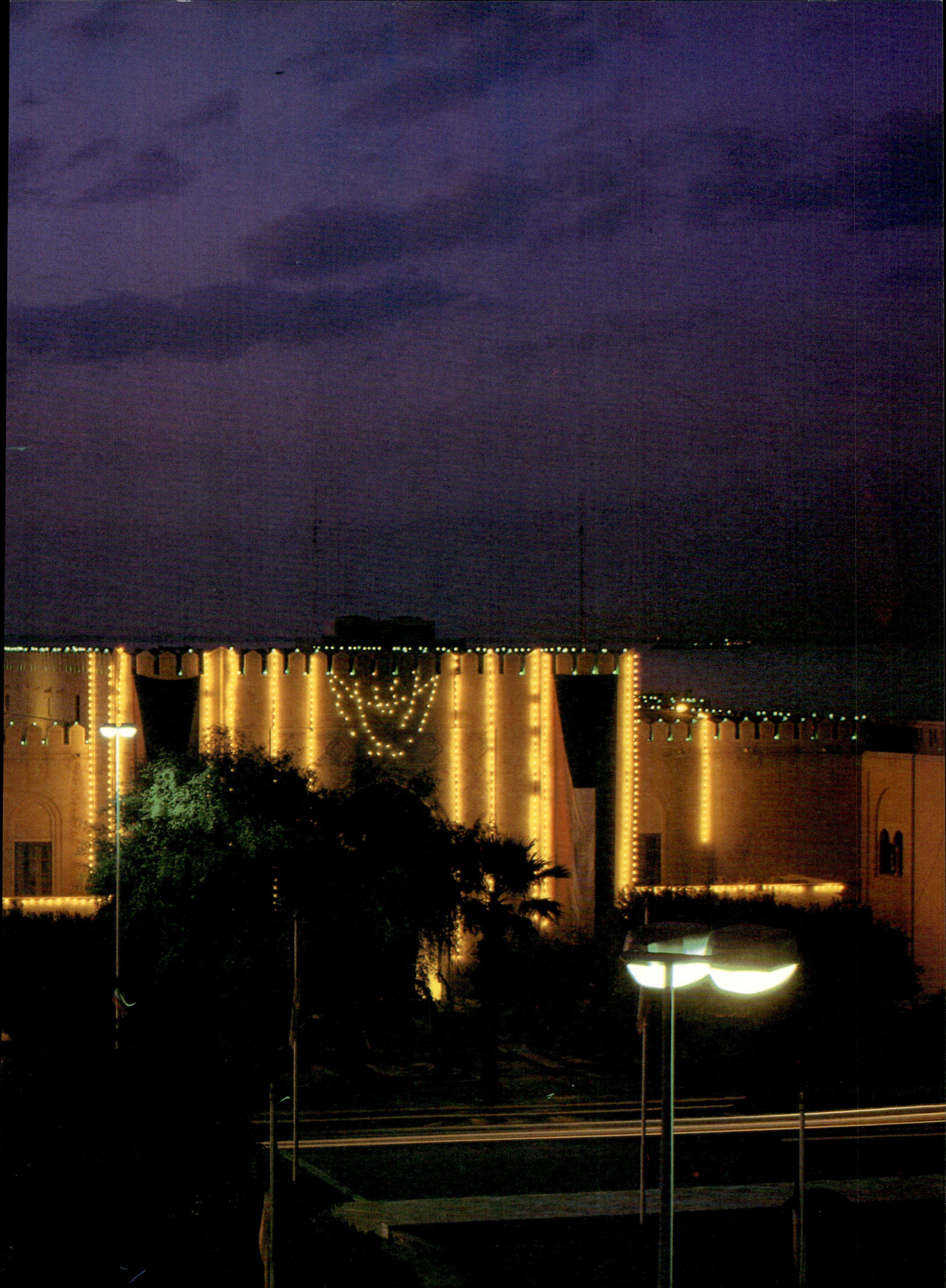

← The Seif Palace, office of the Amir. The inscription over the
gate is taken from an arab saying, and reminds the
nation's leaders that power is only retained
by humility and justice.

Le Palais Seif, le Cabinet de l'Emir. L'inscription au-dessus
de la porte est prise d'après un proverbe arabe faisant
rappeler aux dirigeants du pays que la force ne peut
pas être retenue que par l'humilité et la justice.

Der «Sief Palast» ist Amtssitz des Emirs. Die Inschrift über
dem Tor ist einem arabischen Sprichwort entnommen
und erinnert die Herrscher daran, dass Macht nur
durch Demut und Gerechtigkeit erhalten werden kann.

قصر السيف ، حيث مكتب أمير البلاد . . ويعلو مدخل القصر نقش هذا نصه : « لو
دامت لغيرك . . ما اتصلت اليك » .

AVANT-PROPOS
VORWORT
صور من الكويت

BASIC INFORMATION
INFORMATION BASIQUE
EINIGE INFORMATIONEN
الكويت في سطور

AVANT-PROPOS

Pour l'observateur rarement perceptif et superficiellement informé, le Koweit ne représente qu'un pays couleur de sable qui existe sous l'enchantement du pétrole. Il y a, encore, d'autres faux conceptions qui se basent sur des idées même moins imaginatives, à savoir: «Un pays luxueux parsemé de réseaux de lignes de pétrole et qui a été construit dans un désert très rude et désolé.»

Un grand nombre de clichés, de légendes et de contes féeriques a été élaboré sur ce petit pays, mais aucun d'eux ne réflecte pas la réalité. Aucun cliché ne contient pas les faits de Koweit et les triomphes obtenus par cet État en pleine quiétude.

Pour commencer, Koweit se trouve dans un coin stratégique du golfe Arabe, en face des eaux bleuâtres d'une baie. Une baie qui résume huit siècles d'Histoire; un port très ancien à partir duquel les vieux navires nommés «dhows» s'embarquaient vers l'Océan Indien et la Mer Rouge.

Le Koweit est un pays simple et compliqué à la fois. Un pays aussi puissant que délicat.

Quoi qu'il en soit, et avant de s'approcher de ce pays ou l'ambient de vie moderne se mêle avec l'arome des traditions islamiques, le lecteur doit s'apercevoir d'un nombre de caractéristiques très distinguées: Une petite nation d'un million et demi d'habitants qui possède une des plus grandes réserves pétrolières dans le monde entier, et grace à laquelle Koweit jouisse d'un des plus hauts revenus individuels. D'autre part, le pays dispose d'une très grande richesse de pétrole pourrant lui suffire encore 150 ans se basant sur le niveau actuel de production.

Et encore un autre détail, très surprenant même: la quantité de pétrole découverte pendant les quatre dernières années a été supérieure à celle qui a été produite pendant les 12 ans écoulés.

Koweit est entrée en pleine fonction dans l'ère du pétrole à une heure du matin du 26 Février 1938, quand un puits d'inspection dans le camp de Burgan donna sa première effusion d'un liquide noir, épais et d'une certaine odeur. Dès ce moment là, le Koweit a dû envisager la très rapide transformation dérivant inévitablement de la nouvelle richesse.

Sans aucun doute, nous allons envisager un étrange pays. Une terre ou le rythme fatiguant de l'ère industrielle est mis à part tandis que son peuple jouisse des entrétiens amicaux du soir parmi les amis humant du café au cardamome.

Beaucoup de fois a été déjà dit que cet image mérit plus de mille mots pour la décrire, mais aucune image ne peut pas s'expliquer par elle même; et c'est pourquoi il devient très important d'avancer le contenu de ce livre faisant note que le Koweit est un pays qui possède une immense richesse, mais qui a encore un visage gracieux; il est un investisseur international très vif, une nation de commerçants qui ont parcouru les mers et qui ont maîtrisé la pêche de perles, et une voix respectée qui a toujours démandé la reconnaissance des droits du monde arabe et de ses aspirations.

Chaque année, le revenu pétrolier est injecté doucement dans les secteurs de l'économie déjà orientée vers la stabilité, le progrès et le bien-être: soins médicaux et enseignement gratuits, sécurité sociale pour la vie, un Fond pour les Futures Générations auquel un dix pourcent de revenu annuel est versé sans cesse, une subvention gouvernementale effective pour les produits alimentaires et nécessités de base, un Projet d'Habitation qui a déjà délivré 48.000 unités à familles de bas et moyen revenu, et, aussi, l'absence complète d'aucune taxe.

Ceux-là sont seulement une part des bénéfices apportés par le pétrole. Mais, malgré tout, la richesse et la prospérité n'ont rien changé dans les fondations de base de la Société Koweitienne.

La famille koweitienne, fièrement liée aux racines de l'Islam, n'a pas changé en essentiel; son engagement à la religion islamique n'a pas mis en question les traditions du pays, et des centaines de milliers de citoyens ascendant d'autres cultures et races sont venues à participer au développement du pays.

A travers ces «Images», le lecteur aura l'occasion de connaître le pays et son peuple. Koweit et ses citoyens ont tenu —différemment d'autres pays ayant soudain accès à de larges richesses— à ne pas tomber dans les pièges de l'anachronisme. Ils ont prouvé que les traditions anciennes sont capables de coéxister harmonieusement avec les avancements techniques les plus modernes. C'est une théorie très valable, grâce à laquelle le pays ne s'est pas laissé traîner dans la blasphème de l'abondance et des millions de Dinars, mais, au contraire, il est devenu plus réceptif aux autres bésoins. Ces bésoins sont strictement observées par l'auteur de ce livre.

Gustavo Ferrari nous présente, à travers les 112 pages suivantes, ses impressions sur le pays. C'est une oeuvre qui montre non seulement le développement de l'Etat, mais encore les singularités occasionnelles dérivantes de la marche continue du progrès. Elle n'est pas une description en figures de la cité et de ses avenues, mais une vision révélant les images du changement, c'est de l'art incarné dans de multiples visages pittoresques.

Ce livre est, également que Koweit, un mélange d'aromes (du pétrole mélangé avec des épices de l'Orient, des anciens marchés et des gratte-ciel); «Images» de voix et de fureur, de travail et de jouissance, mais aussi de moments de silence; d'autres caractéristiques du peuple de Koweit plongé dans l'immensité: la mer et le désert. Paix et quiétude. Révélations merveilleuses de lumière.

Finalement, ce volume est une preuve de l'existence d'un peuple fier de soi même, une qualité unique et distinctive à base de laquelle les Koweitiens continueront l'édification de leurs vies et leur grandiosité.

VORWORT

Für den oberflächlichen Betrachter ist Kuwait lediglich ein sandfarbener Landstrich, geprägt vom magischen Zauber des Öls; ein Land in unwirtlicher Wüstengegend von Ölleitungen durchzogen, dessen Bewohner in unvorstellbarem Luxus leben.

Viele solcher Klischees gibt es, viele Legenden und phantastische Geschichten ranken sich um diesen winzigen Wüstenstaat und sicherlich machen sie allein nicht die Wirklichkeit aus, könnte doch kein Gemeinplatz die bemerkenswerten und oftmals ganz aussergewöhnlichen Errungenschaften dieses Staats hinreichend würdigen.

Es ist sicherlich wahr, dass ein Bild mehr sagt als 1 000 Worte; aber nicht alle Bilder sind selbsterklärend, und so halten wir es für richtig, das Nötigste anzumerken.

Kuwait liegt in einer Bucht im Norden des arabischen Golfs und damit in einem auch strategisch äusserst bedeutsamen Gebiet der Welt. Acht Jahrhunderte wechselvoller Geschichte sind an der Bucht von Kuwait vorübergezogen von hier gingen und gehen noch immer die hölzernen Dhaus in See, um ferne Küsten am Indischen Ozean und am Roten Meer anzusteuern.

Kuwait ist einerseits ein sehr ursprüngliches Land, aber doch komplex und vielgestaltig in mancherlei Hinsicht, reich, einflussreich und zerbrechlich zugleich.

Wer bereit ist, sich näher mit diesem Staat auseinanderzusetzen, wird einige Besonderheiten Kuwaits, das eine Synthese moderner Zivilisation und islamischer Kultur darstellt, entdecken. Kuwait, mit 1,4 Mio. Einwohnern ein wirklich kleiner Staat, besitzt eines der grössten Erdölvorkommen der Welt und weist folglich das höchste Pro-Kopf-Einkommen aller Länder auf. Legt man die derzeitigen Fördermengen zugrunde, werden die Ölreserven noch etwa 150 Jahren ausreichen und —höchst bemerkenswert— in den letzten vier Jahren wurde mehr Öl entdeckt als in den vergangenen 12 Jahren gefördert wurde.

Die Ölära begann für Kuwait am 26. Februar 1938. An jenem Tag um 1 Uhr morgens sprudelte das erste Rohöl aus einem Bohrloch auf dem «Burgan Field» und kündigte den Beginn eines neuen Zeitalters an, das Kuwait zahllose Veränderungen und nie gekannten Wohlstand bringen sollte. Von diesem Tag an sah sich Kuwait der Herausforderung gegenüber, diesen Wandel angemessen zu bewältigen.

Wir haben es hier zweifelsfrei mit einem eigenartigen Land zu tun, einem Land, in dem der ermüdende, hektische Pulsschlag des Industriezeitalters von seinen Bewohnern beim abendlichen Gespräch im Freundeskreis und bei würzigem Kaffee schnell vergessen wird. Kuwait ist aussergewöhnlich reich und als potenter Investor überall auf der Welt bekannt, konnte sich aber durchaus auch ein liebenswürdiges Antlitz bewahren; eine Nation seefahrender Kaufleute und Perlentaucher, eine anerkannte Stimme im Konzert der Nationen, die für die Rechte und Ansprüche der arabischen Völker eintritt.

Jedes Jahr sorgen die Einkünfte aus dem Ölexport für eine florierende Wirtschaft, für Stabilität und Wohlstand. Freie Ausbildung und medizinische Versorgung, Sozialfürsorge, ein Fond für zukünftige Generationen, in den 10% des jährlichen Volkseinkommens fliessen, Subventionen für Lebensmittel und andere Artikel des Grundbedarfs, öffentliche Wohnungsbauprojekte, durch die bislang 48 000 Wohnungen für niedere und mittlere Einkommensgruppen geschaffen wurden, sowie schliesslich völlige Steuerfreiheit sind heute selbstverständlich in Kuwait.

Der Wohlstand und die vielen technischen Errungenschaften haben die Fundamente der kuwaitischen Gesellschaft jedoch nicht untergraben. Die kuwaitische Familie ist und bleibt verankert in den Wurzeln des Islam und hat sich im Wesentlichen nicht verändert. Gleichzeitig konnte das Land aber auch seine traditionelle Toleranz bewahren. Hunderttausende von Fremden aus den verschiedensten Kulturkreisen leben hier und beteiligen sich am Aufbau.

Durch die folgenden «Bilder von Kuwait» hofft Gustavo Ferrari, Ihnen das Land und seine Bewohner etwas näher zu bringen. Im Gegensatz zu vielen anderen Ländern, die plötzlich zu Reichtum gelangten, hat Kuwait bewiesen, dass alte Traditionen und modernste Technik eine harmonische Einheit bilden können. Der Überfluss und die Ölmilliarden haben dem Land nicht den Blick auf andere Bedürfnisse und Werte —einfachere und höhere zugleich— verstellt. Diesen Werten und Ansprüchen versucht der Autor mit diesem Bildband nachzuspüren. Auf den folgenden 112 Seiten gibt er seine photographischen Eindrücke von diesem Land wieder, die mehr sein wollen als ein blosser Bildbericht über die Stadt, ihre Strassen und Gebäude. Es sind Bilder des Wandels und der Beständigkeit und sie formen ein facettenreiches Kaleidoskop vieler erstaunlicher Erscheinungsformen des Lebens in diesem Land: Öl und der Zauber des Orients, alte Souks und Wolkenkratzer, Meer und Wüste, Arbeit und Lebensfreude, Geschäftigkeit und Momente unendlicher Stille.

Schliesslich will dieser Band Zeugnis ablegen vom Selbstvertrauen mit dem dieses Volk sein Leben und seine Zukunft gestaltet.

الى جنب مع آخر المبتكرات التقنية . ولم تخلق الثروة الطائلة أي شعور بالفوقية والتعالي وكفران النعمة لدى الكويتين ، بل ان البلد أصبح أكثر تفتحا وادراكا للمستلزمات الأخرى ، وهي أمور يسجلها مؤلف الكتاب بأمانة .

على صفحات الكتاب المئة ، يعرض المؤلف انطباعاته عن البلاد . والكتاب ليس سجلا لتطور البلاد فقط ، ولكن لخصائص وملامح فريدة طوتها عجلة التقدم والتغيير السريعة . وهو ليس تسجيلا دقيقا للمدينة وشوارعها ، بل مرآة تعكس صور التغيير العديدة في البلاد . انه فن تم التعبير عنه بأكثر من وجه . هذا الكتاب ، كالكويت نفسها ، خليط من نكهات عديدة ، حيث يختلط النفط مع روائح الشرق العبقة ، وحيث الاسواق التقليدية القديمة مع ناطحات السحاب . صور من الصمت . . الثورة . . الرهبة . . الغضب . . العمل والمرح . . صور لملامح كويتية مرسومة على البحر والصحراء .

أخيرا ، هذا الكتاب شهادة على وجود شعب يؤمن بنفسه وقدراته وهي صفة نادرة ومميزة يسترشد بها الكويتيون في بناء حياتهم وعظمتهم .

صور من الكويت

(بقعة رملية من صحراء قاحلة ، تحوّلت بفعل سحر النفط الى بلد مترف) هذه هي صورة الكويت في ذهن من لا يعرفها حق المعرفة . . . ولكن الحقيقة أكبر من هذا بكثير . فالكويت ليست فقط أرضا صحراوية تتخللها شبكات من الأنابيب تنقل النفط ويتمتع أهلها بحياة من الترف والبذخ فحسب . . . هي أرض صحراوية نعم . . . ولكن لها تاريخها العريق ويسكنها شعب له تراثه وتقاليده العريقة ومعاركه الطويلة مع الصحراء والبحر والغزاة ، ولا علاقة لهذا البلد اطلاقا بما ينسج حوله من صور خيالية وأساطير .

وقبل أن نمعن النظر في هذا الكتاب الذي يروي قصة الكويت في صور ، هذا البلد الذي يجمع بين خصائص الحياة الحديثة المترفة والتقاليد والمبادىء الاسلامية العريقة ، لعل من المفيد أن نتعرف على بعض الملامح المميزة فيه : فالكويت بلد صغير مساحة وسكانا ، ويقع على الطرف الشمالي الغربي للخليج العربي ، وقد أكسبه هذا الموقع أهمية تجارية منذ أمد بعيد حيث اعتبر منفذا طبيعيا لشمال شرقي الجزيرة العربية ، وميناءً تجاريا مهما انطلقت منه سفن « البوم » المصنوعة محليا لتصل الى موانىء البحر الأحمر والمحيط الهندي .

تختزن أرض الكويت ثاني أكبر احتياطي للنفط في العالم ويتمتع سكانه بأعلى نسبة للدخل بين شعوب الأرض ، كما تدل التقديرات على أن نفط الكويت سيدوم أكثر من ١٥٠ عاما اذا استمر الانتاج على معدله الحالي ، مع حقيقة أخرى أن الكويت قد اكتشفت من النفط في السنوات الأربع الماضية أكثر من مجموع انتاجها على مدى الاثني عشر عاما الأخيرة .

تم اكتشاف أول بئر للنفط في السادس والعشرين من شهر فبراير ١٩٣٨ وكانت الساعة الواحدة صباحا عندما اندفع السائل الأسود من فوهة أحد الآبار في حقل برقان ، مؤذنا بدخول البلاد في عصر جديد . ومنذ تلك اللحظة كان على الكويت أن تتكيف مع التغير الكاسح الذي أصاب البلاد بفعل الثروة الهائلة التي بدأت تتدفق عليها .

لا شك في أننا أمام بلد غير عادي . بلد لا يشغل بال أهله مشاكل العصر الصناعي المقيتة ، حيث لا يزال الأهالي يتمتعون بالجلسات المسائية مع الأصدقاء لاحتساء القهوة العربية .

صحيح ان صورة واحدة أبلغ من ألف كلمة كما يقال ، ولكن لا يمكن للصورة أن تفسر نفسها بنفسها ، ولهذا السبب فمن المهم أن نوجز ما نريد ايصاله للقارىء بالقول بأن الكويت بلد أكبر سماته الثروة الطائلة التي يتمتع بها ، ولكن وجهه لا ينقصه الاشراق . بلد مستثمر على النطاق العالمي ويفعل ذلك بذكاء . بلد صارع أهله البحر كتجار أذكياء وغواصين على اللؤلؤ أشدّاء وبلد له صوت مسموع في الدفاع عن القضايا العربية مطالبا بحقوقها المشروعة ومعبرا عن آمالها وطموحاتها .

بفضل النفط يتمتع أهل الكويت بأفضل ما يمكن تقديمه من خدمات اجتماعية من صحة وتعليم واسكان ، حيث تخصص الدولة جزءا كبيرا من عائداتها النفطية لتمويل برنامج من الرعاية الاجتماعية الشاملة وتقدم هذه الخدمات لمواطنيها بالمجان . كذلك تقتطع الدولة ١٠٪ من ميزانيتها السنوية لصندوق الأجيال القادمة ، آخذة بالاعتبار أن الموارد النفطية ستشح يوما من الأيام ، قرب ذلك اليوم أم بعد . هذا بالاضافة الى ما تخصصه الدولة لدعم بعض السلع الغذائية لتخفيف العبء عن المستهلك . ومن الجدير بالذكر أنه لا توجد ضرائب تذكر في الكويت .

تلك كانت بعض من كثير من الخيرات التي عمت فائدتها على مواطني الكويت بفضل النفط . والأهم من ذلك بأن الثروة وحياة الترف هذه لم تزعزع الأسس الاجتماعية والتقاليد والمبادىء التي يقوم عليها المجتمع الكويتي والتي تستند على مبادىء الدين الاسلامي الحنيف . فما زالت الأسرة في الكويت تحافظ على طبيعتها ووحدتها . الا أن تمسّك الكويت بمبادىء الاسلام ورغبتها في المحافظة على تقاليدها الموروثة لم يمنعها من فتح أبوابها للآلاف من الجنسيات والثقافات الاخرى الذين جاءوا الكويت للمشاركة والمساهمة في حركة التطوير فيها ، وليجد هؤلاء مكانا لهم بين الكويتيين الذين قابلوهم بترحاب يعكس تمسك الشعب الكويتي بالمبادىء الاسلامية السمحة والعادات والتقاليد العربية العريقة .

يستطيع القارىء من خلال الصور التي يعرضها هذا الكتاب ، أن يتعرّف عن كثب الى الكويت وشعبها . فالكويت وشعبها ، بعكس بعض البلاد الأخرى ، التي نالت الثروة فجأة ، يملكون من الحكمة ونفاذ البصيرة ما جنبهم الوقوع في فخ المفارقة التاريخية . لقد أثبت سكان هذا البلد ان بامكان التقاليد الموروثة التعايش جنبا

101

BASIC INFORMATION

Kuwait is a small arab State with a total area of 17,818 sq.Km (6,960 sq.miles), situated in the northwest corner of the Arabian Gulf, sharing its borders with Saudi Arabia to the south and with Iraq to the north and west. It has a coast line 195 Km (121 miles) long and nine islands lie within its regional waters. They are: Failaka (it is the only inhabited one), Bubiyan, Warba, Auha, Kubbar, Qaruh, Um Al Maradim, Um Al Namel, and Meskan.

The name «Kuwait» is derived from the word «Kout» which means «small castle» according to the dialects spoken by the tribes of the eastern Arabian Peninsula.

Excavations on Failaka Island have uncovered rests indicating that the island was part of the «lost nation» of Dilmun, between 3000 and 1200 BC. Remains of a temple to Artemis were also unearthed nearby, as well as other traces indicating that the island was called «Ikarus» and formed part of a Greek community dating back to Alexander the Great.

Before the discovery of oil, pearl diving and seafaring were the source of living for kuwaitis. Even today, they still build their own boats known as «dhows».

The country is located in a desert zone, thus its climate is tropical continental. The climate varies greately: there is sparse rainfall in winter (Dec.-Feb.) —in which the climate is generally mild—, and dust storms in summer (June-Sept.) which is hot, with temperatures occasionally reaching 50° C (122° Fahrenheit). The mean temperatures vary between 29 to 45° C (84°-113° Fahrenheit) in summer and 8 to 18° C (47°-65° Fahrenheit) in winter.

The topography is flat desert with some depressions and small hills. The highest part is at the south-west of the country reaching 300 metres (915 ft) above sea level.

The National Constitution stipulates that Kuwait is an independent and sovereign arab state with a democratic system of government. This system is based in the Legislative power, vested in the Emir and the National Assembly, and the Executive branch, represented by the Emir and the Council of Ministers. The Head of State (Emir) is by hereditary tradition always derived from the descendents of the late Mubarak Al Sabah. H. H. the Emir, Sheikh Jaber Al Ahmad Al Jaber Al Sabah is the 13th Emir from the Sabah family. Born in 1928, he became Head of State on the death of the late Sheikh Sabah Al Salim Al Sabah on 31st December 1977.

Kuwait's Constitution stipulates that Islam is the State's religion and the Islamic Shari'a the main source of legislation. However, freedom of belief is a guaranteed right.

The kuwaiti flag consists in three horizontal parallel stripes —green, white and red— linked by a black trapezoid. The Emblem of the State shows a falcon embracing the flag and a «dhow» sailing on white and blue waves.

The official language is Arabic, but English is widely used.

Kuwait's population was estimated at 1,357,952 inhabitants in 1982; 42% of these are kuwaiti citizens. The population's density is 76.2 inhabitants per sq.Km. The population grows at a rate of 6.3% per annum according to the last census (1980), which if continued would mean a total of 1,900,000 inhabitants by the year 1985.

Kuwait City is the capital and there are other towns that have expanded in a way that most of them have became suburbs of the capital. They are: Ahmadi, which is the oil city and Al Fahaheel to the south; Jahra and Suleibikhat are in the north. Hawally and Salmiyah are important and always expanding residential suburbs.

The Development Master Plan aims at constructing two towns (North and South respectively) designed to accommodate the population growth up to the year 2000.

Kuwait has one international airport which was inaugurated in 1980 and a national airline, Kuwait Airways Corporation (KAC) which operates a fleet of 4 Boeing 747's; 8 Boeing 707's; 4 Boeing 727's and has ordered 11 Airbus A310 and A300-600. KAC has a staff of 6500 and a network of about 40 destinations covering more than 30 countries.

Sea traffic is handled by three commercial ports: Shuwaikh, Shuaiba and Doha, while oil exports are attended by other three ports: Ahmadi, Mina Abdullah and Mina Al Zoor.

Kuwait's oil exports started in 1946.

Its oil policy aims at conservation by reducing production to a minimum rate. After production reached 3.25 million barrels a day in 1972, output has been cut down to 800,000 b/d in 1982.

Kuwait Oil Company is the main producing arm, responsible for more than 90% of all crude extraction which comes largely from the Burgan field, the second largest in the world. Kuwait's crude reserves are among the top three.

Gas is playing a growing role in the overall revenues from hydrocarbons. With the inauguration in 1979 of the billion-dollar Gas Project —one of the largest of its type anywhere— Kuwait now utilizes more of its associated gas than many other oil producers.

Industry is mainly related to oil and gas, the only raw material Kuwait has.

Since there are no rivers an scarce rainfall, Kuwait has built the most advanced water desalination plants in the world. Desalinated sea water produced in 1982 by five plants was 102 million gallons a day. With a second plant being built in Doha, it is estimated that by 1985 the production will be in the region of 233 million gallons a day.

Generation of electricity is associated with the process of water production. From an output of 10 million Kw/h in 1954 it has grow to 10,016 million Kw/h in 1981 and is projected to rise even further to 19,900 Kw/h by 1985. The average power consumption in Kuwait in 1981 was 8,510 Kw/h per inhabitant.

Second to oil exports, the deployment of those revenue abroad is Kuwait's next most important interaction with world's economy. In 1980 the investment income was almost sufficient to cover the total imports of that year amounting to Kuwaiti Dinars (KD) 1,674 million. Kuwait's foreign holdings are estimated at US $75,000 million.

Kuwait is also generous with its wealth towards other nations. The Kuwait Fund for Arab Economic Development (KFAED) commitments in loans now stand at US $3,400 million and together with assistance extended by other government departments to various institutions as the U.N. or the OPEC Fund, Kuwait gives away or lends over 4% of its entire annual income. Above all it is aid without strings.

The main importers of Kuwait oil and by-products in 1980 were: Japan with a 20.06% of total exports; Netherlands, 11.41%; Taiwan, 8.83%; S. Korea, 7.58% and U.K., 6.87%.

The principal suppliers of Kuwait during the same year were: Japan, providing 21% of the total imports; U.S.A., 14.49%; U.K., 8.62% and W. Germany, 8.58%.

Much effort is being aimed at developing agriculture and animal husbandry despite the harsh local conditions. Through the use of the most modern technology Kuwait now produces 26.2% of the domestic requirements of vegetables, along with 46% of the local needs for milk, 34% of poultry and 18% of eggs. The local fishing industry meets almost all the local demand.

Health services are provided free of charge to everyone. In 1949 there were 4 doctors in Kuwait; in 1982 there were 2,715 doctors (1 every 582 inhabitants). In the same year there were 6,133 hospital beds (1/256 inhabitants). Five governmental hospitals were inaugurated in 1981 and the Amiri Gral. Hosp., Al Razi Orthopaedic Hosp., Allergy and Cancer Centers are expected to be opened by 1983. This will increase the number of hospitals beds by 1,000. There are also several private hospitals and clinics.

Education is a national priority absorbing 10% of the annual budget. Free education is provided up to university level to kuwaitis. A total of 418,000 students of both sexes enrolled in 550 schools and other institutions during 1982, excluding Kuwait University's students. The private sector has 62 schools, both arab and foreign with 65,000 students.

Kuwait University was opened in 1966 and it has graduated a total of 9,350 students up to 1982. It has 8 faculties with 816 professors and lecturers, 10,083 students and 3,093 technicians and administrative staff.

The National Housing Authority has provided 48,000 homes to 380,000 people. The current five year plan will complete 36,400 more units to acommodate 227,000 people.

Sixty newspapers and magazines are published in Kuwait. There are 5 arab dailies (Al Rai Al Aam, Al Seyassah, Al Qabas, Al Wattan and Al Anba) and two English language dailies (Arab Times and Kuwait Times) which include pages in urdu and malayalam languages. Besides the local press there are 190 arabic and 385 foreign publications available in Kuwait.

The official currency is the Dinar (KD) which is divided into 1,000 fils. The bank notes' denominations are: 10, 5, 1, Half and Quarter Dinar. Coins denominations include: 100, 50, 20, 10, 5 and one fils. The exchange rate is approximately US $3,50 for 1 KD.

Kuwait Gross Domestic Product for 1981 was KD 6,510 million (US $22.7 billion) which means an average per capita income of US $17,527, one of the highest in the world. The inflation rate was 7.3% in 1981.

Soccer is the most popular sport in Kuwait. Its national team formed by non professional players, has won the Gulf Cup four times, the Asian Cup in 1980 and participated in the World Cup, Spain 1982. Among other sports practised in Kuwait are ice skating, basketball, handball, water polo, athletics, water skiing, squash racquets, riding, tennis, etc. The government financially assists all sports activities.

There are 27 hotels of different categories; 15 cinema theatres showing arabic and foreign films and a TV station which transmits in two channels for arabic and foreign programmes respectively. There are six sea clubs, two social sports clubs and an olympic sized ice skating rink. There is one zoo and in 1983 will be inaugurated the Entertainment City, considered the largest of its kind in the Middle East.

Several museums offer interesting displays: The National Museum (with a branch in Failaka Island) and the Natural Science Museum, besides two private museums: Tariq Rajab Museum with an impressive collection of arabic and Islamic pieces, and the Saif Marzouq Al Shamlan Museum with a collection of kuwaiti antiquities. The Sadu Exhibition hosts collections of beduin handicrafts.

Friday is the official weekly holiday, but several companies and institutions close also on thursdays. Two national holidays of fixed dates are observed: New Year's Day and National Day, celebrated to commemorate Kuwait's Independence on 25th of February.

The dates of religious holidays are flexible since they are celebrated according to the Hegira Calendar. These are: Birth of the Prophet; The Isra' and Mi'raj; The Higira New Year; Eid Al Fitr at the end of the Holy Month of Ramadan (3 days) and Eid Al Adha (4 days).

Power voltage is 220 in all Kuwait. The local time is 3 hours ahead of Greenwich mean time (GMT+3).

INFORMATION BASIQUE

Koweit est une petite principauté arabe située à l'angle nord-occidental du golfe Arabe, au Sud du Chatt al-Arab, entre l'Iraq et l'Arabie Saoudite. Sa superficie totale est de 17.818 Km² et son périmètre littoral se développe le long de 195 Km. Dans ses eaux territoriales on trouve neuf îles: Failaka (la seule habitée), Bubiyan (récemment reliée à terre ferme par un moderne pont), Warba, Auha, Kubbar, Qaruh, Um Al Maradin et Um Al Namel.

«Kut», mot qu'en dialect des tribus de la part orientale de la péninsule Arabique désigne un petit château ou forteresse, donne nom à la principauté.

Les fouilles archéologiques réalisées à Failaka indiquent que cette île faisait partie de la «nation perdue» de Dilmun (3000-1200 avant Jésus-Christ). A Failaka aussi ont été découverts des restes d'un temple voué à Artémise, ainsi que d'autres ruines indiquant que l'île s'appellait «Ikarus» et faisait partie d'une communauté grecque hellénique.

Avant la découverte des gisements de pétrole, les huîtres perlières et le commerce maritime étaient les principaux ressources de ce coin du désert où les rares cours d'eau souvent s'évanouissent ou s'épuisent avant la mer. Aujourd'hui on continue de construire de petits bateaux à voiles: les «dhows».

Koweit s'étend sur une plaine aride avec dépressions peu profondes et reliefs résiduels (les principaux hauteurs se situent au sud-ouest et restent par —dessous les 300 m). Le climat est continental tropical, avec de forts contrastes de température été/hiver: en hiver (Décembre-Février) le climat est tempéré, avec des précipitations peu supérieures à celles des déserts côtiers arabiques. L'été (Juin-Septembre) est plus chaud et les tourbillons mobiles de sable sout très courants dans cette saison. Le mois plus chaud de l'été peut atteindre les 50° (les *maxima* moyens varient entre 29 et 45° C); en hiver, les *maxima* moyens diminuent relativement (8-18° C).

On estime qu'en 1982 la population de Koweit a atteint 1.357.952 habitants, dont le 42% sont des citadins koweitiens. La densité de population est de 76,2 habitants au Km². Le taux d'accroissement démographique est du 6,3% annuel (Recensement de 1980) et, si le mouvement actuel continue, il serait possible d'atteindre 1.900.000 habitants en 1985.

La capitale, Koweit, est un centre commercial actif, par suite de sa situation au fond du golpe Persique. Quelques autres cités ont connu un incroyable épanouissement, à tel point qu'elles sont devenues des authentiques faubourgs de la capitale: Ahmadi (centre pétrolier) et Fahahel au Sud; Jahra et Suleibijat au Nord. Hawally et Salmiya sont des importants quartiers résidentiels. Le Plan de Développement prévoit le bâtissement de deux nouvelles grands ensembles pour faire face à l'accroissement démographique jusqu'à l'an 2000.

La mise en service de l'aéroport international de Koweit en 1980 a permis un important essor des transports aériens. La Compagnie aérienne nationale Koweit Airways Corporation (KAC), avec une flotte de 4 Boeing 747; 8 Boeing 707; 4 Boeing 727 et des commandes de 11 Airbus A310 et A300-600. Le réseau de KAC relie Koweit à plus de quarante destinations dans trente pays.

Les ports de Shuwaikh, Shuaiba et Doha assurent le commerce maritime de Koweit avec les principaux ports du monde; Ahmadi, Mina Abdulla et Mina Al Zoor sont des ports spécialisés dans les exportations de pétrole.

Selon la Constitution, le Koweit est un état arabe indépendant et souverain, avec un système démocratique de gouvernement. La nation est la source de tous les pouvoirs: l'Emir et l'Assemblée nationale exercent le pouvoir legislatif; l'émir, par l'entremise de ses ministres, exerce le pouvoir exécutif. Le Chef de l'Etat (Emir) est élu par voie de succession héréditaire parmi les issus du cheik Mubarak Al Sabah. S.A.S. l'Emir, cheik Jaber Al Ahmad Al Jaber Al Sabah est le treizième émir de la noble lignée Al Sabah. Né en 1928, S.A.S. fut nommé émir à la mort du cheik Sabah Al Salem Al Sabah (le 31 Décembre 1977).

La Constitution établit l'Islam comme religion d'Etat et la Shari's islamique comme source législative. Elle garantit aussi la liberté du culte.

Le drapeau koweitien se compose de trois franges horizontales (vert, blanc, rouge) liées par un trapézoïde noir. Le blason national porte un faucon entourant de ses ailes le drapeau et un *dhow* sur les vagues bleues et blanches.

La langue officielle est l'arabe tandis que l'anglais est langue commerciale.

Découvert en 1938, le pétrole, principale exportation du pays depuis 1946, a éprouvé une importante réduction de l'exploitation. La politique pétrolière de conservation des réserves, après avoir atteint les 3,25 millions b/j en 1972, a réduit la production à 800.000 b/j en 1982. La Koweit Oil Company reçut la concession des recherches et de l'exploitation petrolières (90% de la production). La plupart du pétrole brut vient des gisements de Burgan, le second du monde par ses réserves (Koweit se situe au troisième rang mondial par puissance de réserves).

Le gaz naturel joue depuis peu un rôle croissant dans le secteur pétrolier koweitien. Inauguré en 1979, le Projet du Gaz Naturel, avec l'investissement d'un milliard de dollars, est considéré parmi les réalisations les plus importantes du monde. De nos jours, Koweit peut exploiter (raffinage, exportation) la plupart du gaz extrait.

L'activité industrielle reste presque entièrement liée au pétrole et au gaz, les seules sources de matières premières disponibles. Faute de cours fluviaux et de pluie, Koweit doit dessaler de l'eau de mer pour satisfaire les besoins nationaux d'eau potable. On a construit, donc, les plus modernes usines de distillation d'eau. La production d'énergie électrique est aussi liée au procès de dessalement. En 1954, les centrales produisaient 10 millions de KWh; en 1981, la production électrique a été de 10.016 millions de KWh et les aménagements en cours permettront de l'augmenter jusqu'à 19.900 millions de KWh en 1985. La consommation annuelle d'énergie par habitant en 1981 fut 8.510 KWh.

Depuis l'essor de l'exportation pétrolière, qu'assure des revenus, les capitales sont en grand partie investis à l'étranger. Les revenus financiers de ces placements de capitales ont presque équilibré en 1980 les importations (1.674 millions de dinars de Koweit). Les investissements totales à l'étranger ont été évalués à 75 milliards de dollars.

L'aide économique à l'extérieur est importante. Le K.F.A.E.D. a octroyé des prêts pour 3,4 milliards de dollars et, avec les autres institutions spécialisées du pays, contribue à l'Organisation des Nations Unies et au Fonds de l'O.P.E.P. Le Koweit affecte 4% du revenu national annuel à l'aide économique d'autres pays.

Les principaux pays importateurs de pétrole et produits pétroliers en 1980 ont été: Japon (20,06%); Pays-Bas (11,41%); Taiwan (8,83%); Corée du Sud (7,58%); Royaume-Uni (6,87%); etc. Les principaux partenaires d'importations dans la même année ont été: Japon (21%); Etats-Unis (14,49%); Royaume-Uni (8,62%); R.F.A. (8,58%); etc.

On tente aussi de combler le plus redoutable handicap du pays: le manque de nourriture. Le développement de l'agriculture et de l'élevage doit surmonter des conditions géographiques et climatiques très adverses.

Grâce à l'emploi des technologies les plus modernes, Koweit produit aujourd'hui 26,2% des besoins locaux de légumes, 46% et 18% de la consommation globale de lait et d'oeufs, respectivement.

La pêche assure une part importante dans l'alimentation locale (les koweitiens consomment la totalité du poisson débarqué).

L'unité monétaire légale c'est le dinar de Koweit (KD), qui est divisé en 1.000 fils. Il y a des billets de 10, 5, 1, 1/2 et un 1/4 dinar; les monnaies sont de 100, 50, 20, 10, 5 et 1 fil. Le taux de change est à peu près 3,50 dollars par dinar. Le produit national brut en 1981 fut de 6.510 millions de dinars (22,7 milliards de dollars). Le revenu national par habitant est de 17.527 dollars, parmi les plus hauts du monde. En 1981, le taux d'inflation a atteint le 7,3%.

L'assistance médicale est gratuite pour tous les habitants de la principauté; il y a, désormais, 2.715 médecins (en 1982; un médecin pour 582 habitants) contre 4 médecins en 1949. On remarque aussi la multiplication des lits d'hôpitaux (6.133 lits en 1982; 1 lit pour 256 habitants). En 1981 ont été inaugurés 5 établissements sanitaires et pour 1983 on prévoit l'ouverture de quatre nouveaux hôpitaux: Amiri Gral. Hosp.; Al Razi Orthopaedic Hosp.; un établissement pour le traitement du cancer et un autre pour allergies. Avec ces établissements sanitaires on ajoute 1.000 lits à l'infrastructure médicale du pays.

En plus des hôpitaux gratuits, il y a plusieurs établissements privés.

L'éducation a reçu une attention particulière et on y octroye un 10% du revenu national. Koweit a institué l'enseignement gratuit pour tous les citoyens. Les étudiants dans tous les cycles de l'enseignement au cours de l'année scolaire 1982 étaient 418.000, sans compter les étudiants universitaires. Il y a 62 écoles dans le secteur privé (arabes et étrangères) avec un total de 65.000 élèves. L'Université de Koweit fut inaugurée en 1966 et jusqu'en 1982, 9.350 étudiants se sont diplomés dans les diverses facultés. De nos jours, sont en fonctionnement 8 facultés, avec 816 enseignants, 10.083 étudiants et 3.093 techniques et employés.

La National Housing Authority a octroyé 48.000 logements à 380.000 citoyens de bas revenus. Au cours du plan quinquennal seront bâtis 36.400 nouveaux logements.

Il y a 60 publications: 5 journaux du matin en arabe (Al Rai Al Aam; Al Seyaassah; Al Qabas; Al Wattan et Al Anba); deux autres journaux du matin en anglais (Arab Times et Koweit Times), lesquels incluent des pages en langue urdu et malayalam. En outre, circulent 190 publications d'autres pays arabes et 385 publications du reste du monde.

Parmi les sports, le football est le plus populaire. La sélection nationale (des joueurs amateurs) s'est proclamé quatre fois champione à la Gulf Cup, Asian Cup en 1980, participant aussi à la World Coup pour la première fois à L'Espagne (1982).

Parmi les autres sports pratiqués par les koweitiens on doit citer: patinage sur glace, basket-ball, hand-ball, water-polo, ski nautique, athlétisme, fronton, équitation et les arts martiaux. Le gouvernement subventionne toutes les activités sportives.

Le Koweit compte avec 27 hôtels de catégories diverses; 15 cinémas, projectant des films arabes ou en version étrangère originale soustitrée; une station émettrice de télévision transmet en deux chaînes (arabe et anglais). Six clubs nautiques sont aussi en fonctionnement, deux clus sociaux et de plaisance, une piste olimpique de patinage sur glace et un parc zoologique. On y prévoit la prochaine inauguration de la Entertainment City, la plus importante du Proche Orient.

Des musées et galeries offrent des expositions dignes d'intérêt: National Museum, avec une salle dans Failaka et le Musée des Sciences Naturelles. On doit visiter aussi deux musées privés: Tariq Rajab Museum (objets et poteries d'art arabe et islamique) et Saif Marzuq Al Sham lam Museum (antiquités koweitiennes). L'Exposition de Sad offre d'objets d'artisanat bédouin.

Le vendredi c'est le jour férié; pourtant, certaines institutions sont fermées le jeudi. Il y a deux jours de Fête Nationale: Le Jour de l'An (31 décembre) et le Jour de l'Indépendance (25 Février). Les fêtes religieuses varient avec le calendrier islamique (lunaire): Naissance du Prophet; El Isra' et El Mi'raj; Nouvel An Islamique, Eid al Fitr, à la fin du Mois Sacré du Ramadan (trois jours) et Eid Al Adha (quatre jours).

La tension normale est de 220 V. L'horaire est trois heures à l'avance par rapport à l'heure de Greenwich (GMT+3).

EINIGE INFORMATIONEN

Kuwait ist ein kleiner arabischer Staat, der sich über eine Fläche von 17 818 km² ausdehnt. Kuwait liegt am nordöstlichen Ende des arabischen Golfs und grenzt im Süden an Saudi-Arabien, im Westen und Norden an den Iraq. Im Osten bildet der Golf eine 195 km lange natürliche Grenze. Innerhalb der Hoheitsgewässer des Landes liegen neun Inseln: Failaka (als einzige bewohnt), Bubiyan, Warba, Auha, Kubbar, Qaruh, Um Al Maradim, Meskan und Um Al Namel.

Der Name «Kuwait» leitet sich vom Wort «Kout» ab, was im Dialekt des östlichen Teils der arabischen Halbinsel soviel bedeutet wie «kleine Festung».

Ausgrabungen auf der Insel Failaka lassen darauf schliessen, dass die Insel zwischen 3 000 und 1 200 v. Chr. dem Dilmun-Kulturkreis angehörte. Die Reste eines Artemis-Tempels und weitere Funde weisen die Insel unter dem Namen «Ikarus» als Teil einer griechischen Kolonie zur Zeit Alexander d. Grossen aus.

Vor Entdeckung des Öls waren Perltauchen und Seefahrt die Haupteinnahmequellen Kuwaits und noch heute werden hier hölzerne Dhaus nach alten Methoden gebaut.

Das Land liegt in einer Wüstenzone und weist tropisches Kontinentalklima mit starken Schwankungen auf. Im Winter ist das Klima mild, mit gelegentlichen Regenfällen und Temperaturen zwischen 8 und 18° C (Dez.-Feb.); der Sommer ist dagegen sehr heiss, bei 29 bis 45° C mit Temperaturspitzen von 50° C und Sandstürmen (Juni-Sept.).

Die Landschaft besteht überwiegend aus flacher Wüste mit wenigen Hügeln und Senken. Die höchste Erhebung liegt im Südwesten und erreicht 300 m ü.d.M.

Die Verfassung kennzeichnet Kuwait als einen unabhängigen, souveränen, arabischen Staat mit demokratischen Regierungssystem. Das Regierungssystem basiert auf dem Prinzip der Gewaltenteilung. Die Legislative liegt in den Händen des Emirs und der Nationalversammlung, während die ausführende Gewalt dem Emir und dem Kabinett übertragen ist. Staatsoberhaupt ist der Emir, der jeweils ein Nachkomme von Mubarak Al Sabah ist. Seine Hoheit der Emir, Scheich Jaber Al Ahmed Al Jaber Al Sabah ist der dreizehnte Emir Kuwaits aus der Familie Al Sabah. Er wurde 1928 geboren und am 31.12.1977 nach dem Tode von Scheich Sabah Al Salim Al Sabah Emir von Kuwait.

Kuwaits Verfassung hebt hervor, dass der Islam Staatsreligion und die «Scharia» (islamischer Codex) hauptsächliche Quelle der Gesetzgebung ist. Die Glaubensfreiheit ist jedoch ein garantiertes Recht.

Die Flagge des kuwaitischen Staats besteht aus drei horizontalen, parallelen Streifen in den Farben grün, weiss und rot mit einem die drei Streifen verbindenden schwarzen Trapez. Das Staatswappen zeigt einen Falken mit ausgebreiteten Schwingen über den kuwaitischen Farben, über sich eine Dhau auf blauweiss stilisierten Wellen.

Die offizielle Landessprache ist Arabisch, Englisch ist jedoch ebenfalls weit verbreitet.

Die Gesamtbevölkerung Kuwaits wurde 1982 auf 1 357 952 geschätzt. 42% der Gesamtbevölkerung waren Kuwaitis. Die Bevölkerungsdichte ist 76,2 pro Km². Die Wachstumsrate der Bevölkerung betrug nach den letzten Angaben von 1980 6,3%, sodass ein Anstieg der Bevölkerung bis zum Jahre 1985 auf 1 900 000 zu erwarten ist.

Die Hauptstadt des Landes ist Kuwait City. Neben Kuwait City können einige Stadtviertel und weiter entfernt liegende Siedlungen als eigenständige Städte bezeichnet werden; so etwa Ahmadi (die Ölstadt) und Al Fahaheel im Süden, Jahra und Suleibikhat im Norden. Salmiya und Hawalli mit eigenen lokalen Zentren sind dagegen durch die rasche Ausdehnung des Stadtgebiets heute faktisch ein Teil der Stadt Kuwait.

Der zentrale Stadtentwicklungsplan sieht den Bau zweier neuer Städte vor (im Süden und Norden von Kuwait). Das zu erwartende Bevölkerungswachstum macht diese Neugründungen bis zum Jahre 2 000 erforderlich.

Kuwait hat einen internationalen Flughafen, der 1980 eröffnet wurde und eine nationale Fluggesellschaft, die Kuwait Airways Corporation (KAC), welche eine Flotte von 4 Boeing 747, 8 Boeing 707 und 4 Boeing 727 betreibt; 11 Airbus A310 und A300-600 sind bestellt. KAC hat 6 500 Mitarbeiter und fliegt 40 Städte in mehr als 30 Ländern an.

Der Seehandel wird über drei Häfen: Shuwaikh, Shuaiba und Doha abgewickelt, während der Ölexport über die Terminals in Ahmadi, Mina Abdullah und Mina Al Zoor läuft.

Kuwaits Ölexport begann 1946. Die Politik bezüglich der Erdölförderung und Vermarktung zielt darauf ab, die Vorkommen über einen möglichst langen Zeitraum hinweg auszubeuten. Die Produktion wird daher auf einem vertretbaren Minimum gehalten. Nachdem die Ölproduktion 1972 einen Höhepunkt von 3,25 Mio. Barrels pro Tag erreicht hatte, wurde die Förderung hernach kontinuierlich bis auf 800 000 Barrels pro Tag im Jahre 1982 gesenkt.

Die Kuwait Oil Company ist der Hauptproduzent und fördert 90% der Gesamtmenge vorwiegend auf dem «Burgan Field», dem zweitgrössten Ölfeld der Welt. Die kuwaitischen Ölreserven gelten als die drittgrössten der Welt.

Gas spielt ebenfalls eine Rolle in der Ausbeutung der Energiereserven, seit 1979 eine der grössten Gasverflüssigungsanlagen der Welt in Betrieb genommen worden ist. Öl und Gas sind allerdings die einzigen Bodenschätze Kuwaits.

Da es keine Flüsse und nur sehr wenig Regen gibt, stellt die Wasserversorgung ein zentrales Problem dar. Kuwait hat heute die modernsten Meerwasserentsalzungsanlagen der Welt. 1982 wurden von fünf Anlagen fast 460 Mio. Liter Süsswasser pro Tag geliefert und bis 1985 wird man die Produktion nach Inbetriebnahme eines weiteren Anlagenkomplexes in Doha auf über eine Milliarde Liter pro Tag steigern.

Elektrizität wird im Verbund mit der Meerwasserentsalzung gewonnen. Von 10 Mio. Kilowattstunden im Jahre 1954 ist die Elektrizitätsgewinnung auf über 10 Milliarden Kilowattstunden (1981) angestiegen und der laufende Fünfjahresplan sieht eine weitere Steigerung auf ca. 20 Mrd. KWS tunden bis 1985 vor. Der Durchschnittsverbrauch pro Kopf der Bevölkerung lag 1981 bei 8 510 KWS.

Nach dem Ölexport stellen die Kapitalanlagen im Ausland Kuwaits zweitwichtigste Verflechtung mit der Weltwirtschaft dar. 1980 reichten die Zinserträge aus den Auslandsinvestitionen bereits aus, die gesamten Importe in einer Höhe von 1, 674 Mrd. Kuwait Dinar zu bezahlen. Die Auslandsanlagen Kuwaits werden z.Zt. auf etwa 75 Mrd. U.S. $ geschätzt.

Grosszügig ist die finanzielle Hilfe, die Kuwait —ohne Auflagen— anderen Staaten gewährt. Der «Kuwait Fund for Arab Economic Development» (KFAED) hat bislang Darlehn in einer Höhe von 3,4 Mrd. US $ gewährt und zusammen mit der finanziellen Unterstützung, die den verschiedensten internationalen Institutionen gegeben wird, verleiht oder verschenkt Kuwait mehr als 4% seines jährlichen Einkommens.

Hauptabnehmer kuwaitischen Öls und kuwaitischer Ölprodukte sind: Japan mit 20,06%, die Niederlande mit 11,41%, Taiwan mit 8,83%, Süd Korea mit 7,58% und Grossbritannien mit 6,87%. (Zahlen aus dem Jahr 1980.)

Die Importe Kuwaits stammten 1980 aus: Japan (21%), USA (14,49%), Grossbritannien (8,62%) und der Bundesrepublik Deutschland (8,58%). Viel Aufmerksamkeit wird der Landwirtschaft gewidmet, die trotz der äusserst schwierigen Umweltbedingungen erhebliche Erfolge aufweisen kann. Durch die Anwendung modernster Anbau— und Zuchtmethoden kann Kuwait heute z.B. 26,2% seines Gemüsebedarfs, 46% des Bedarfs an Milchprodukten, 34% des Bedarfs an Geflügel und 18% des Bedarfs an Eiern selbst decken.

Die medizinische Versorgung ist gebührenfrei. 1949 gab es vier Ärzte in Kuwait; heute 1982 sind es 2 715 (einer für 582 Personen). 6 133 Krankenhausbetten stehen zur Verfügung (ein Bett pro 256 Einwohner) und im Jahre 1981 wurden 5 Regierungskrankenhäuser eröffnet. Für 1983 erwartet man die Fertigstellung dreier neuer Krankenhäuser (Amiri General Hospital, Al Razi Orthopädische Klinik und das Allergie— und Krebszentrum) mit insgesamt 1 000 Betten.

Erziehung und Ausbildung haben in Kuwait absolute Priorität. 10% des jährlichen Haushalts werden für diese Bereiche aufgewandt. Der kuwaitische Staat bietet allen Staatsbürgern kostenlosen Unterricht auf allen Schul— und Universitätsebenen. 418 000 Schüler und Schülerinnen besuchen zur Zeit 550 Schulen und andere Ausbildungsinstitutionen (Die Universität nicht mitgerechnet); 62 davon sind Privatschulen (arabische und ausländische) mit 65 000 Schülern.

Die Universität von Kuwait nahm 1966 ihren Lehrbetrieb auf. Seitdem haben 9 350 Studenten hier ihre Abschlussprüfungen bestanden. Die Universität umfasst 9 Fakultäten mit 816 Professoren und Dozenten, 10 083 Studenten und 3 093 technisches Personal und Verwaltungsmitarbeiter.

Die nationale Wohnungsbaubehörde, deren erklärtes Ziel es ist, jeder Familie der niederen und mittleren Einkommensschichten eine Wohnung zu verschaffen, konnte bislang 48 000 Wohnungen bzw. Wohnhäuser für insgesamt 380 000 Personen bereitstellen. Der laufende Fünfjahresplan sieht weitere 36 400 Einheiten für 227 000 Personen vor.

In Kuwait werden 60 Zeitungen und Zeitschriften verlegt. Davon sind sieben Tageszeitungen: Al Rai Al Aam, Al Seyassah, Al Qabas, Al Wattan, Al Anba, Kuwait Times und Arab Times. Die beiden letztgenannten erscheinen in englischer Sprache und enthalten darüberhinaus einige Seiten in Urdu und Malayalam. Neben diesen lokalen Presseerzeugnissen können im Land 190 arabische und 385 nicht-arabische ausländische Zeitungen und Zeitschriften gelesen werden.

Offizielle Währung Kuwaits ist der Dinar (KD). 1 Kuwaitischer Dinar = 1 000 Fils. Banknoten zu zehn, fünf, ein, einhalb und einviertel Dinar, sowie Münzen im Wert von 100, 50, 20, 10, 5 und 1 Fils sind im Umlauf. Der Wert des KD beträgt etwa 3,50 U.S. $.

Das Brutto-Sozialprodukt erreichte 1981, 6,51 Mrd. KD (22,7 Mrd. U.S. $). Das durchschnittliche Pro-Kopf-Einkommen betrug ca. 5 000 KD (17 527 U.S. $) und war damit eines der höchsten der Welt. Die Preissteigerungsrate belief sich 1981 auf 7,3%.

Fussball ist der populärste Sport in Kuwait. Die Nationalmannschaft, die nur aus Amateuren besteht, konnte viermal den «Gulf Cup» und 1980 den «Asian Cup» gewinnen. 1982 nahm das Land an der Fussballweltmeisterschaft in Spanien teil. Neben anderen Sportarten sind noch: Eislaufen, Basketball, Handball, Wasserpolo, Leichtathletik, Wasserski, Sqash, Reiten, Judo und Karate verbreitet. Die Regierung unterstützt alle Sportarten finanziell.

In Kuwait gibt es 27 Hotels verschiedener Kategorien. 15 Kinos zeigen laufend arabische und ausländische Filme. Das Fernsehen sendet auf zwei Kanälen arabische und ausländische Programme. Sechs Wassersportclubs und zwei andere Sportclubs sowie eine Kunsteisbahn mit olympischen Abmessungen gibt es in Kuwait. 1983 wird die sog. «Vergnügungsstadt» als eine der grössten ihrer Art im Nahen Osten eröffnet werden.

Kuwait besitzt mehrere Museen, wie etwa das kuwaitische Nationalmuseum (mit einer Filiale auf der Insel Failaka) und das Museum für Naturwissenschaften. Zwei bekannte private Museen sind: die Galerie von Tariq Sayed Rajab, die eine Vielzahl wundervoller arabischer und islamischer Exponate ausstellt und das Museum von Saif Marzouk Al Shamlan, das eine Sammlung seltener kuwaitischer Altertümer beherbergt. Nennenswert ist auch das «Sadu»-Haus, in dem verschiedenste alte und neue Erzeugnisse kuwaitischen Kunsthandwerks zu sehen sind.

Jeder Freitag ist offizieller Feiertag. Viele Firmen und Institutionen schliessen jedoch schon am Donnerstag. Der Neujahrstag (1. Januar) und der Nationalfeiertag (25. Februar) werden zu diesen festen Terminen begangen. Darüberhinaus werden folgende bewegliche Feiertage gemäss dem Hedschra Kalender gefeiert: Geburtstag des Propheten Mohamed, Isra und Mirach, Hedschra Neujahrstag, Eid Al Fitr zum Ende des Ramadan (3 Tage) und Eid Al Adha (4 Tage).

Die Stromstärke beträgt überall in Kuwait 220 Volt, die Ortszeit entspricht der mitteleuropäischen Zeit plus 2 Stunden.

يوجد في الكويت مطار مدني واحد يعتبر من المطارات الدولية الحديثة (افتتح عام ١٩٨٠) وشركة طيران واحدة هي مؤسسة الخطوط الجوية الكويتية وتملكها الدولة . ولدى المؤسسة اسطول من الطائرات الحديثة يتألف من (٤) طائرات بوينغ ٧٤٧ و(٧) طائرات بوينغ ٧٠٧ و(٤) طائرات بوينغ ٧٢٧ ، وقد تعاقدت المؤسسة على شراء (١١) طائرة ايرباص .

ويعمل لدى الشركة ٦٥٠٠ موظف وتسيّر رحلات الى ٤٠ محطة في أكثر من ٣٠ بلدا من بلدان العالم .

أما المواني البحرية التجارية في الكويت فهي ثلاثة : الشويخ ، الشعيبة وميناء الدوحة ، بالاضافة الى ثلاثة أخرى خاصة بتصدير النفط وهي الاحمدي وميناء عبد الله وميناء الزور .

النفط والصناعة :

يعتبر النفط عماد الاقتصاد الكويتي والمصدر الرئيسي للموارد الضخمة التي تتمتع بها الكويت . وبفضل الذهب الأسود ، يعتبر الكويتيون أغنى شعوب الأرض وذلك طبقا لمتوسط دخل الفرد المرتفع فيها والذي يبلغ أكثر من ١٧ ألف دولار في العام (احصائيات ١٩٨٠/٧٩) .

بدأ الانتاج الفعلي للنفط في الكويت عام ١٩٤٦ من حقل « برقان » الذي يعتبر اكبر حقول النفط في العالم ويضم ٣٢٠ بئرا . وشهد العام المذكور تصدير أول شحنة من النفط الكويتي . والكويت هي سابع أكبر دولة منتجة للنفط في العالم ، وتأتي في المركز الرابع بين دول منظمة الأقطار المصدرة للبترول (أوبيك) من حيث حجم الانتاج . أما احتياطي الكويت من النفط فيقدّر بنحو ٧١٫٢ بليون برميل . وهذا الرقم يمثل ٨/١ مجموع الاحتياطي العالمي المكتشف حتى الآن ، وهذا يضع الكويت في المركز الثاني بعد المملكة العربية السعودية من حيث حجم الاحتياطي من النفط .

تعتبر شركة نفط الكويت التي تملكها الدولة ، مسئولة عن أكثر من ٩٠% من انتاج النفط في البلاد والذي وصل الى معدل ٣٫٣٥ مليون برميل يوميا . الا أنه تنفيذا لسياسة الدولة في المحافظة على الثروة النفطية الكامنة في باطن الأرض وهي سياسة تتحكم فيها مصلحة البلاد وظروف سوق النفط الدولي وسياسة التسعير والاستثمار ، هبط معدل الانتاج الى ٨٠٠ ألف برميل يوميا .

يرافق عملية انتاج النفط عملية انتاج أخرى هي الغاز المصاحب له . ، وهي احدى خصائص النفط الكويتي . ولاستغلال هذه الطاقة التي كان يهدر معظمها قبل عام ١٩٧٩ بحرقه في الجو ، قامت الدولة بانشاء مشروع الغاز المسيل الذي بدأ انتاجه في العام المذكور وتكلف نحو بليون دولار .

ترتبط الصناعة في الكويت بشكل رئيسي بالنفط بصفته المادة الخام الوحيدة المتوفرة . وتأتي صناعة البتروكياويات على رأس الصناعات في البلاد ، حيث تقوم شركة صناعة الكياويات البترولية بانتاج الأسمدة والملح والكلورين واليوريا وسلفات الامونيوم . وتخطط الشركة لاقامة مجمع للعطريات في البلاد . وما سبق ذكره لايعني عدم وجود صناعات أخرى غير الصناعات النفطية من تكرير وغاز وكياويات حيث ظهر على مدى الخمس عشرة سنة الماضية عدة شركات صناعية أكبرها شركة الصناعات الوطنية التي تنتج مواد البناء والبطاريات ومساحيق الغسيل الى جانب شركات أخرى تنتج الأنابيب المعدنية والدقيق والاطارات والأدوات الصحية واصلاح وصيانة السفن . . . الخ .

المياه والكهرباء :

لاتوجد في الكويت مصادر مياه طبيعية تذكر ، وتعتمد البلاد في الحصول على حاجتها من المياه على محطات التقطير الضخمة والتي تعد من أحدث وأضخم مثيلاتها في العالم . في الكويت خمس محطات ضخمة يبلغ انتاجها ١٠٢ مليون جالون يوميا (احصاء ١٩٨٢) . وبافتتاح محطة أخرى في منطقة الدوحة سيرتفع بذلك الانتاج الى ٢٣٣ مليون جالون يوميا بحلول عام ١٩٨٥ .

وما يميّز صناعة تقطير المياه في الكويت انها مرتبطة بانتاج الكهرباء ، فكل محطة لتقطير المياه هي محطة لتوليد الكهرباء بنفس الوقت . وقد ازداد الطلب على التيار الكهربائي في السنوات الاخيرة زيادة هائلة ، مما يعكس ارتفاع مستوى المعيشة للسكان . ففي صيف عام ١٩٥٤ بلغ الحمل الاقصى عشرة ملايين كيلو واط/ساعة ، ارتفع هذا الرقم ليصل الى (١٠٠١٦) مليون كيلو واط/ساعة عام ١٩٨١ .

ومن المتوقع أن يرتفع هذا الرقم الى (١٩٩٠٠) مليون كيلو واط/ساعة بحلول عام ١٩٨٥ . وقد بلغ معدل استهلاك الفرد من الكهرباء (٨٥١٠) كيلو واط عام ١٩٨١ .

الأستثمار والتجارة الخارجية والمساعدات :

يأتي استثمار العائدات النفطية في المركز الثاني بعد الصادرات النفطية كمصدر دخل للبلاد ، حيث يشكل استثمار هذه العائدات أحد المظاهر الرئيسية لتفاعل الكويت مع الاقتصاد العالمي . وقد بلغت هذه العائدات ١٦٧٤ مليون دينار كويتي عام ١٩٨٠ أي مايعادل قيمة واردات البلاد من الخارج . هذا وتقدر ممتلكات دولة الكويت في الخارج بمبلغ ٧٥ بليون دولار .

بلغ الناتج القومي الاجمالي لدولة الكويت ٦٥١٠ مليون دينار كويتي عام ١٩٨١ وهذا يعني ان معدل الدخل للفرد - ٥٠٠٠ دينار كويتي وهو من أعلى الدخول في العالم . أما التضخم فلم تزد نسبته على ٧٫٣% في العام المذكور .

يشكل النفط الخام ومشتقاته اهم الصادرات الكويتية . وتضع احصائيات ١٩٨٠ اليابان على رأس المستوردين من الكويت ، حيث

الكويت في سطور

الكويت دولة عربية صغيرة سواء من حيث المساحة وعدد السكان ، حيث تشغل ١٧,٨١٨ كم ٢ (٦٩٦٥ ميلا مربعا) ويعيش على أرضها ١,٣٣٧,٩٥٢ نسمة(احصائية ١٩٨٢) ، وتبلغ نسبة الكويتيين منهم ٤٢٪ وكثافة السكان ٧٦,٢ شخص في الكيلومتر المربع الواحد . ويتزايد السكان بنسبة ٦,٣٪ سنويا (احصائية ١٩٨٠) ، وهذا يعني أن عدد سكان الكويت سيبلغ ١,٩٠٠,٠٠٠ نسمة بحلول عام ١٩٨٥ .

واسم الكويت تصغير لكلمة « الكوت » وتعني القلعة الصغيرة ، كما وردت في لهجات قبائل شرق الجزيرة العربية .

تقع الكويت على الطرف الشمالي الغربي للخليج العربي ، ويحدها من الجنوب الغربي المملكة العربية السعودية ، ومن الشمال والغرب الجمهورية العراقية . وهي بحكم موقعها تعتبر منفذا طبيعيا لشمال شرق الجزيرة العربية . يبلغ طول شواطىء الكويت ١٩٥ كيلو مترا (١٢١ ميلا) ، ومياهها الساحلية قليلة العمق وتسود الشواطىء ظاهرة المدّ والجزر . تضم مياه الكويت الاقليمية عددا من الجزر أهمها فيلكا (الوحيدة المأهولة) وجزر بوبيان ، وربة ، عوهة ، كبّر ، قاروه ، أم المرادم وأم النمل .

يتألف سطح البلاد بوجه عام من سهول رملية منبسطة تكتنفها بعض التلال المنخفضة تنحدر تدريجيا من الشمال الى الغرب . ولا يوجد في الكويت ماء جار ولكن بها بعض الآبار في الصحراء يتدفق منها الماء العذب وأهمها تلك الموجودة في منطقة الروضتين ، حيث يبلغ انتاجها ستة ملايين غالون يوميا . ونظرا لوقوع الكويت في الاقليم الجغرافي الصحراوي ، فان مناخها من النوع القاريّ الذي يمتاز بفصلين رئيسيين ، صيف طويل حار وجاف ، وشتاء قصير ودافىء وماطر أحيانا ، وتتخلل أشهر الصيف رياح مثيرة للغبار في المناطق المكشوفة مع ارتفاع ملحوظ في درجة الرطوبة ، وكثيرا ماترتفع الحرارة صيفا لتصل الى ٥٠ درجة مئوية .

تدل الآثار المكتشفة في جزيرة فيلكا على أن البلاد كانت جزءا من مملكة ديلمون (الحضارة المفقودة) مابين سنة ٣٠٠-١٢٠٠ قبل الميلاد . كما تدل الآثار كذلك على أن الجزيرة كانت مرتبطة حضاريا باليونانيين وكانت فيلكا أحدى الاماكن التي دخلتها قوات الاسكندر المقدوني وكان يطلق عليها اسم « ايكاروس » .

قبل اكتشاف النفط ، اشتهر الكويتيون في الغوص على اللؤلؤ ، حيث شكلت هذه المهنة المصدر الرئيسي للدخل فيها ، مستخدمين قوارب « البوم » المصنوعة محليا والتي ماتزال تصنع حتى الآن على نطاق ضيق .

النظام السياسي :

الكويت دولة دستورية ، وينص الدستور الذي وضع بعد أقل من سنة من نيل البلاد الاستقلال بتاريخ ١٩٦١/٢/٢٥ ، على أن نظام الحكم فيها ديمقراطي ، وبأن الكويت امارة وراثية في ذرية الشيخ مبارك الصباح الكبير وعلى أن الأمير يتقاسم مع مجلس الأمة المنتخب حق التشريع ويمارس سلطاته التنفيذية من خلال مجلس الوزراء . ويقوم الأمير بتعيين رئيس مجلس الوزراء الذي يكون عادة وليا للعهد بنفس الوقت ، ويقوم رئيس مجلس الوزراء باختيار اعضاء وزارته ويقدمها للأمير للموافقة . وينص الدستور على أن لايتجاوز أعضاء مجلس الوزراء ١٨ وزيرا ، أي ما يعادل ٣/١ أعضاء مجلس الأمة الخمسين . ويتولى مقاليد الحكم في الكويت حاليا صاحب السمو الشيخ جابر الأحمد الصباح . وقد نودي بسموه أميرا للبلاد بتاريخ ١٩٧٧/١٢/٣١ ليخلف الأمير الراحل الشيخ صباح السالم الصباح ويكون بذلك الأمير الثالث عشر لدولة الكويت .

وينص الدستور كذلك على أن الاسلام هو الدين الرسمي للدولة . الا أن حرية العقيدة حق لكل مواطن يضمنه القانون . أما اللغة الرسمية في البلاد فهي اللغة العربية ، الا أن الانجليزية منتشرة بشكل واسع .

يأتي علم الكويت على شكل مستطيل أفقي طوله يساوي ضعفي عرضه ويقسم الى ثلاثة أقسام أفقية متوازية ملونة أعلاها الأخضر فالأبيض فالأحمر بالاضافة الى شبه منحرف أسود قاعدته الكبرى من جهة السارية . أما شعار الدولة فعبارة عن صورة صقر يحتضن العلم وصورة السفينة التقليدية (البوم) وهي تشرع على أمواج زرقاء وبيضاء .

المـــدن :

مدينة الكويت العاصمة هي المدينة الرئيسية في البلاد وهي النواة التي انبثقت منها الحياة في الكويت وحتى عام ١٩٥٧ كان يحيط بالمدينة سور ذو خمس بوابات ما زالت قائمة بعد هدم السور في العام المذكور ، امتدت المدينة بعدها واتسعت حتى أصبحت بعض المدن الأخرى كالسالمية والنقرة وحولي عبارة عن ضواحي لمدينة الكويت الأم . هناك كذلك مدينة الأحمدي وهي مدينة صغيرة مخصصة لسكن موظفي شركة نفط الكويت بالاضافة الى مدينتي الجهراء والفحيحيل . ومن الجدير بالذكر ان هناك خططا لانشاء مدينتين احداها في الشمال والأخرى في الجنوب وستصممان لاستيعاب الزيادة المرتقبة في عدد السكان عام ٢٠٠٠ .

وحديقة للحيوانات . ومن المتوقع ان تفتتح قريبا مدينة للترويح السياحي (على نمط مدينة ديزني لاند) هي الاولى من نوعها في الشرق الاوسط .

يوجد في الكويت عدة متاحف هي : متحف الكويت الوطني الذي سينتقل قريبا الى مقر جديد . وللمتحف فرع في جزيرة فيلكا . ومتحف العلوم الطبيعية الى جانب متحفين خاصين يملك الاول السيد طارق رجب والثاني للمؤرخ الكويتي سيف مرزوق الشملان ويحتوي المتحفان على مجموعة نادرة من القطع الاثرية ذات القيمة التاريخية عربيا واسلاميا . اضافة الى « السدو » الذي يعرض الانتاج اليدوي البدوي .

العطل الرسمية :

الجمعة هي العطلة الرسمية الاسبوعية، وتعطل بعض المؤسسات الكبرى عن العمل الخميس أيضا ، وهناك مناسبتان تعطل فيها البلاد بشكل ثابت هما رأس السنة الميلادية ويوم الاحتفال بالعيد الوطني الذي يصادف ٢٥ فبراير من كل عام . هذا بالاضافة الى العطل الدينية التي تحدد وفق التقويم الهجري وهي : المولد النبوي ، الاسراء والمعراج ، رأس السنة الهجرية، عيد الفطر (٣ أيام) وعيد الاضحى (أربعة أيام) .

التوقيت :

يتقدم توقيت الكويت على توقيت غرينتش بثلاث ساعات .

قامت باستيراد ما نسبته ٢٠٫٦% من الصادرات الكويتية ، تلتها هولندا ١١٫٤١% وتايوان ٨٫٨٣% وكوريا الجنوبية ٧٫٥٨% والمملكة المتحدة ٦٫٨٧% .

وفي نفس العام كانت اليابان على رأس الموردين للكويت حيث شكلت الواردات الكويتية من اليابان ما نسبته ٢١% من مجمل الواردات ، يليها الولايات المتحدة ١٤٫٤٩% والمملكة المتحدة ٨٫٦٢% وألمانيا الغربية ٨٫٥٨% .

تصل المساعدات والقروض التي تقدمها الكويت سنويا كمساعدات خارجية وقروض للدول المحتاجة الى ما نسبته ٤% من مواردها الاجمالية . وتقدم هذه المساعدات من خلال الصندوق الكويتي للتنمية الاقتصادية العربية الذي يقدر ماقدمه حتى الآن ب (٣٤٠٠) مليون دولار ، بالاضافة الى حصص دولة الكويت في ميزانية العديد من الهيئات ، مثل الامم المتحدة وصندوق الاوبيك . هذا ومن المعروف ان الكويت لاتربط مساعداتها بشروط أيا كانت .

الخدمات الاجتماعية :

أتاحت العائدات النفطية الضخمة للكويت أن تكون في مقدمة دول العالم من حيث حجم ومستوى الخدمات الاجتماعية التي توفرها الدولة لمواطنيها من تعليم وصحة واسكان .

ويمكن القول بأنه لايوجد على أرض الكويت من لاتشمله الرعاية الصحية الشاملة التي توفرها الدولة من خلال مرافق وزارة الصحة العامة وللجميع بالمجان . فبالمقارنة نجد انه بينما كان يعمل لدى حكومة الكويت أربعة أطباء فقط عام ١٩٤٩ ، فان هذا العدد قد ارتفع ليصل الى ٢٧١٥ طبيبا عام ١٩٨٢ (أي بمعدل طبيب واحد لكل ٥٨٢ نسمة) ووصل عدد الأسرّة في المستشفيات في العام نفسه (٦١٣٣) سريرا (بمعدل سرير لكل ٢٥٦ نسمة) وشهد عام ١٩٨١ افتتاح خمسة مستشفيات حكومية جديدة ليصل عدد المستشفيات العامة والمتخصصة الحكومية الى (١٦) مستشفى بالاضافة الى ٣٨ مستوصفا و(١٣) وحدة صحية مجمعة .

هذا ، ومن المتوقع افتتاح ثلاثة مستشفيات أخرى عام ١٩٨٣ لتضيف ١٠٠٠ سرير الى الأسرة المتوفرة . اضافة الى عدد من المستشفيات والعيادات الخاصة .

أما بالنسبة للتعليم فهو الآخر بالمجان للمواطنين من مرحلة الروضة الى المرحلة الجامعية . ويذهب أكبر جزء من ميزانية الدولة لبند التعليم ، حيث يخصص لهذا البند ١٠% من الميزانية العامة . وقد بلغ عدد الطلاب في مدارس ومعاهد الكويت ٤١٨ ألف طالب يتلقون التعليم في ٥٥٠ مدرسة ومعهد (١٩٨٢) ، يستثنى من ذلك طلاب الجامعة . هذا بالاضافة الى ٦٢ مدرسة خاصة .

ويوجد في الكويت جامعة واحدة تم افتتاحها عام ١٩٦٢ ، بلغ عدد خرّيجيها (عام ١٩٨٢) ٩٣٥٠ طالبا . وتضم الجامعة ثمانية كليات يتلقى التعليم فيها ١٠٠٩٣ طالبا ويعمل فيها ٨١٦ أستاذا ومحاضرا و٣٠٩٣ موظفا وفنيا .

يعتبر توفير السكن المناسب لمواطنيها جزء من سياسة الرعاية الاجتماعية للدولة حيث قامت المؤسسة العامة للاسكان حتى عام ١٩٨٢ بتوزيع ٤٨ ألف وحدة سكنية على مستحقيها الذين بلغوا ١٨٠٫٠٠٠ مواطن . وتتضمن الخطة الخمسية الحالية بناء ٣٠ ألف وحدة لتأوي ٢٢٧ ألف مواطن .

معلومات عامة عن الكويت :

الصحافة :

تصدر في الكويت حوالي ٦٠ جريدة ومجلة ، خمس منها يومية تصدر باللغة العربية هي : الرأي العام ، السياسة ، الوطن ، القبس ، والأنباء . واثنتان باللغة الأنجليزية هما عرب تايمز (صفحتان منها باللغة الأوردية) كويت تايمز . وبالاضافة الى الصحف المحلية يوزع بالكويت ما يزيد على ١٩٠ صحيفة ومطبوعة عربية وأجنبية .

العملة الرسمية :

تتعامل الكويت بالدينار الكويتي (يعادل حوالي ٣٫٥ دولار أمريكي) ويقسم الى ١٠٠٠ فلس ، وتتوفر قطع نقدية معدنية فئة ٥ ، ١٠ ، ٢٠ ، ٥٠ ، ١٠٠ فلس وأخرى ورقية فئة : ربع ونصف دينار ، دينار ، خمسة وعشرة دنانير .

الرياضة :

تعتبر كرة القدم أكثر الالعاب شعبية في البلاد . وتملك الكويت فريقا وطنيا قويا ، لاعبوه من الهواة ، واستطاع كسب كأس الخليج أربع مرات وكأس آسيا عام (١٩٨٠) ووصل الى نهائيات كأس العالم (أسبانيا ١٩٨٢) . هذا الى جانب عدد من الألعاب الأخرى مثل كرة السلة ، اليد ، كرة الماء ، التزلج على الماء والجليد ، الاسكواش والفروسية . هذا وتولي الدولة رعاية كبيرة لشئون الشباب والرياضة .

الفنادق وأماكن الترويح :

يوجد في الكويت ٢٧ فندقا من كافة الفئات منها سبعة من الفئة الممتازة و ١٥ دار سينما ومسرح ومحطة تلفزيون تبث برامجها على قناتين احداها مخصصة للبرامج العربية والأخرى للبرامج الاجنبية . كذلك توجد ستة نواد بحرية وناديان اجتماعيان وصالة تزلج على الجليد .

111